ワーママはるの

ライフシフト習慣術

LIFE SHIFT

尾石 晴
（ワーママはる）

フォレスト出版

はじめに

「ライフシフト」。あなたはこの言葉を耳にしたことはありますか？　この数年、使用される機会も増えました。

Googleの検索ボリューム（検索された回数）では、毎月4400回も検索されています（Ubersuggest調べ）。ちなみに、私の属性「ワーママ」での検索ボリュームは3600回／月ですので、いかに「ライフシフト」が認知、注目されている言葉か、おわかりいただけると思います。

もともと、2016年刊行の世界的名著『LIFE SHIFT』（リンダ・グラットン、アンドリュー・スコット著）で爆発的に有名になりました。同書のサブタイトルには「１００年時代の人生戦略」とあり、「私たちがこれからをどう生きるのか」を真剣に考えていくためのヒントが詰まった1冊です。国内でも35万部も売れた本ですので、手にされた方も多いのではないでしょうか？（私もすぐ読んだクチです）

ライフシフトの意味は、**「人生の向きや位置を変え、人生に変化を起こす」**です。「教育 ↓ 仕事 ↓ 引退」の３ステージの時代から、長寿化により、**ステージの移行を数多く経験する「マルチステージ」の人生**が到来する、今からどう「変化」するのか？ と問う内容に「ぐぬぬ」と考えさせられました。

・金銭的な価値に換算される「有形資産」と、家族や友人関係、知識、健康などの見えない「無形資産」のバランス。
・生涯、ステージ（教育 ↓ 仕事 ↓ 引退）の移行を繰り返す「変身」を続ける覚悟。
・「会社中心の人生」から「自分中心の人生」へのシフト。

読み進めるほど、**「何を大切にし、人生の土台にするのか」**の問いに向き合わざるを得ない。自らの人生戦略を考え直すきっかけになった人も多いのではないでしょうか。同書で書かれている内容や考え方は、実に説得力と納得感があります。

ただ、制度や環境が違う日本に生きる私たちには、実践が難しい。

読んだものの……、危機感は感じたけれど……。う〜ん。

親、妻、女性、ビジネスパーソンと**「複数の顔」**を持ち生きる私は、この戦略を具体的にどのようにして日常に落とし込んでいけばいいのか？　と、戸惑いも感じました。そこから、手探りではありますが、私なりに情報を集め、実際に5年ほど実践してみました。

「試行錯誤」というやつです。うまくいったものいかないもの、全てを飲み込んで、結果的には人生の血となり肉となり、現在、私は「教育　↓　仕事　↓　引退」の3段階から離脱して、「マルチステージ」を歩み始めることとなりました。私なりの「ライフシフト」が起きたのです。

よくご質問いただくのが「普通の会社員が、どうやってその思考法を身につけたのか？　どんな行動をしているのか？」です。

私は「特別変わったこと」はしていません。

シンプルに**「人生の変化」で重要なポイントを探す、そのボタンを押してみる、**を繰り返しただけです。

本書では、結果的に「マルチステージ」を歩み始めた私自身が行なった思考法や実践法を、今まで培ってきた経験や知識、知恵を交えながら、皆さんと同じ視点からまとめてみました。具体的には、**「仕事」「人間関係」「子育て」「お金」「学び」**の5つのテーマでお伝えします。

＊

申し遅れましたが、自己紹介をさせてください。私は39歳のワーキングマザーです。新卒から外資系メーカー勤務。30代で結婚、二度の出産（不妊治療）を経て、現在は4歳と8歳の男児母です。ワーママ歴は8年目。社内最年少マネージャー昇格など（当時）、いわゆるバリキャリ路線を歩んでいましたが、出産後、一気に「キャリアの迷い子」へ。子育てとの両立で思うような仕事ができず、「果たしてこのままでいいのか？」と葛藤の日々。かといって、ゆるキャリ路線でもない。しなやかな「キャリア」と「人生」を歩みたい――。

そんな一心で、30代半ばから「100年時代の人生戦略」を深く意識し行動を始めました。具体的には、**複数の収入経路をつくる**（不動産賃貸業、発信業、ヨガ事業）、**キャリアを再考する**（40歳定年説、夫婦キャリア、学び）、**思考を変える**（モノの見方、仕組み、子育て）などを実践しています。

現在は、マルチステージの「人生の学び直し」、サバティカルタイムを取得するまでに変化しました（本書「第5章　学びの習慣」参照）。

そんな私が培ってきた経験や知識、知恵は、これまでにも、音声メディアVoicy（https://voicy.jp/channel/862）、note（https://note.mu/waamama/m/mc1a730eab2a1）やブログ（https://www.wa-mamaharu.com）、各種ＳＮＳなどで発信してきました。今回は1冊の書籍として体系化し、**「これからの人生をライフシフトするための習慣術」**をテーマにまとめました。誰もが実践可能な、**家庭もキャリアも、賢くしたたかに楽し**

く続ける人生戦略です。

具体的には、各章で次のようなことをお伝えします。

◉第1章　「仕事」の習慣

バリキャリでもゆるキャリでもない。でも、キャリアをつないでいきたい人の習慣です。「仕事」と「家庭」を分けずに、夫婦で「家族」の共同経営者となり、キャリアを見つめる具体的な戦術について記載しています。

◉第2章　「人間関係」の習慣

マルチステージ時代では、ライフステージごとに変化する価値観に合わせて「人間関係」も変化します。100年時代の観点で、人に幸福感をもたらす資産をどう築くのか、家族の幸福度や自己分析からまとめています。

◉第3章　「子育て」の習慣

100年時代を生きるなら、親も子も「未知の活動に対する前向きな姿勢」が重要な意味を持ちます。子どもたちは「マルチステージ」を行ったり来たりする未知数世代。私たち親世代が持っている、無意識の行動を見直し、子育てに生かすエッセンスをまとめています。

◉第4章　「お金」の習慣

有形、無形資産の管理、バランス力をつけるためのお金の習慣です。資本主義社会の中で、有形資産をどう生かすのか、どうつくっていくのか、死ぬまでにどう使うのか、思考方法について記載しています。

◉第5章　「学び」の習慣

生産性や所得、キャリアの持続性に役立つ無形資産「学び」についての章です。「生涯、学ぶ」は、「変化」に柔軟に対応するためのキーアクション。仕組みを見直し、自ずと学びたくなってくる、学びを最大化するためのコツをまとめています。

なお、各章の冒頭（章トビラ）にあるQRコードを読み込むと、その章に関連した

音声コンテンツを無料で聴けます。「ながらインプット」にぜひご活用ください。さらに、**本書巻末ページにも無料プレゼントをご用意**していますので、併せてチェックしてみてください。

この本は、著名な人が書いた「ライフシフト」や「習慣化」の本とは違います。普通の共働き会社員の私が、「人生100年時代、何を準備していくのか?」と思い、具体的な試行錯誤を積み重ねたことから始まっています。

私と同じような境遇の人たちが、**「自分の人生」を主体的に過ごす「知恵」として使える習慣**になればうれしい限りです。あなたの「ライフシフト」を起こすべく、一緒に読み解いていきましょう。

ワーママはるの
ライフシフト習慣術
CONTENTS

第2章 「人間関係」の習慣――ライフステージに合わせた思考法

第3章 「子育て」の習慣——親も子も自立する関係

第4章 「お金」の習慣——家族と自分のために経済的自立を目指す

第5章 「学び」の習慣——人生の豊かさを決めるエッセンス

装幀◎河南祐介（FANTAGRAPH）
本文デザイン・図版作成◎二神さやか
DTP◎株式会社キャップス

第1章

「仕事」の習慣

——夫婦は共同経営者、
自分のキャリアを大切に

仕事も100%、家事も100%なんて、誰もできない。だから……

共働き夫婦の苦悩とは?

共働きで子どもを育てていると、とにかく日々の「時間がないこと」にビックリします。

結婚当初は、大人2人でお互い仕事に打ち込んできた家庭でも、1人でも「子ども」という存在があると、成人するまでの間に、大きくリソース(時間、お金、意志力など)を使うようになります。夫婦は協力し合い、家事育児のリソース配分をやりくりしていかなければいけません。

子どもはかわいい。夫婦でバランス良く分担、とわかっていても、共働きの30、40代だと、仕事では中堅どころ。会社からも一番期待もされ、多忙な時期だったりするため、なかなか仕事のアクセルを緩めるのが難しかったりします。

特に、日本型企業で働いている男性社員が夫だった場合、長時間労働が前提として成り立っているケースが多くあります。子育てのため、妻の仕事のために早く帰りたいとか、仕事の予定を変更するのは難しかったり、夫のその後のキャリアに響いたり……。

「そんな会社は今後は成り立たない」なんて巷では言われますが、「じゃあ、転職しよう」と、いきなり会社を辞めるわけにもいきません。そうすると誰が家事育児を担うのか？　もう1人の親である**妻側が請け負わざるを得ない事態**になります。

すると、いくら夫婦で話し合ったとしても、妻側のキャリアもある上に、**「なんで私ばっかり」**となってしまいますよね。

なんで、私があなたのキャリアのために「私の仕事を犠牲にしなければいけないの？」「2人の子どもなのに、私だけが面倒見ているの？」「私だけが家事やってるの？」と、どんどん黒い感情が湧いてきます。特に家事や育児は「何かを達成」する行為ではなく、快適な「平常状態」を維持するためのもの。仕事とは種目が違うのです。しかも、育児は長距離走です。会社のプロジェクトと違って、1年で終わりといったゴールも見えないのです。

家庭内のフリーライドが、家庭内にヒビを入れる

「フリーライド」という言葉があります。「タダ乗り」を意味します。利益は享受するが、そのために必要なコストは出さないことと定義されてます。

例えば、「自治会の掃除はいっさい手伝わないのに、お祭りはちゃっかり出る」「会社のみんなで購入している置き菓子を、お金を払ってないのに食べる」など、自分はペイはしないのに恩恵に与ろうとする行為をフリーライドと呼んだりします。

最近では、働き方にも使われます。長時間労働や仕事優先の働き方を社員に強いる「夫側の企業」は、「妻側の企業」にフリーライドをしているという使われ方をします。

例えば、保育園から子どもが発熱をしたと連絡があった場合、仕事を切り上げてお

迎えに行くのは誰でしょうか？　夫婦平等に振り分けて、お迎えに行っている家庭もあると思いますが、まだまだ日本の現状では妻側のお迎えが多いのです。となると、妻側の企業は常に「子持ちの女性社員は、子どもが体調不良になると抜けてしまう」ことを念頭に入れて、仕事のシフトや業務内容を組む必要が出てきます。逆に、夫側の企業は、急な社員の休みによる損失を伴うケースがほぼありません。そうすると、夫側の企業は、妻側の企業の人事制度や福利厚生にフリーライドしていることになります。

これを家庭内に置き換えると、夫婦どちらかが家事育児をずっと担って、本来やりたいキャリア形成や仕事ができないのは、相手側のリソースにフリーライドしていることになります。**本来は親として、夫婦としてやるべき家事育児を、もう1人のパートナーに負担させている**のです。

これが続くと、どうなるか？　相手側のキャリアはなかなか形成できませんし、パートナーとしての役割を家庭内で果たしていないことになります。

不満を感じたほうから見限られて離婚となったり（離婚は3組に1組の時代です）、

子育てがひと段落ついて、これから夫婦2人というところで、「あなたのせいで、私はあきらめてばっかりだった」と、キャリア形成できなかったことをずっと不満に持たれてしまう可能性もあります。

夫婦は共同経営者である——「ファミリーキャリア」のススメ

お互いの人生やリソースにフリーライドして成り立つキャリアは、健全な夫婦関係を築けません。短期的には乗り切れても、長期で考えたときに必ずどちらかに不満が残ります。

そこで大事になってくるのは、**お互いのキャリアを短期目線で見ない、長期目線で共有する**ことです。その前提として、家事も育児も仕事もすべてを100%、どれも100点満点にこなすのは無理であると、2人で認識することです。

この本を読まれているような共働き世代のワーキングマザーは、幼少期から努力してきた方が多いでしょう。困難も努力したり工夫したりして乗り越えてきたがんばり屋さんが多いはずです。

しかし、妻、母、会社員の三足のわらじを履き始めると、1日24時間しかない中で、どれも満足いくまでやることは無理だと気がつきます。それでも「私が頑張れば」と努力をしてしまう。

会社には毎日8時間近くも拘束されている。夫は多忙。核家族化で頼れるのは夫婦だけ。そんな生活になると、どうやったって仕事も家事育児も完璧にこなすのは無理になります。

すると、どうなるのか？　パートナーに対して腹が立ったり、会社に対してなんとなく申し訳なさや不満を感じてしまうようになります。

そんな負のサイクルを脱するために、ぜひおすすめしたい考え方があります。

それは、**夫婦は「共同経営者」であり、夫と妻で「家族会社」を経営している**という発想です。

そこで長期の経営目標として、お互いのキャリア構築のタイミングを長期事業計画として立てていくことをおすすめします。

例えば、「子どもが小さいうちは大変だとわかっているけど、年齢的にどうしても仕事のアクセルを緩めたくない」と夫が言うのであれば、「じゃあ、あなたが（夫が）

アクセルを踏むのは今のタイミングね」と家族として支える話をします。次に、「私がアクセルを踏むのは、子どもが小学校に上がったタイミングにしたい」など、お互いのキャリアビジョンを話し合うのです。

短期の目線で見てしまうと、「家事育児をやっているか、やってないか」「夫ばっかりが好きなように仕事している、していない」といった、今の話にフォーカスしがちになります。

しかし、**長期目線でお互いのキャリアのアクセルの踏みどころを、夫婦で調整し合って、家族を運営していく**ほうが、健全なキャリア形成が行なえるのです。

実際、わが家も長男が小学校1年生ぐらいまでは、私がアクセルを踏み切れないキャリア形成をしてきました。子育てのために今のポジションから降りたり、転勤を断ったりもしています。結果的には、私はその間にさまざまな複数の副業をして、他に仕事の目処が立ったので、キャリアチェンジしています。今はチェンジした分、チャレンジにアクセルを踏むときが増えたので、その間の子育ては夫に任せています。これからは私がアクセルを踏む順番だと、夫に話しています。

夫婦でお互いのキャリアビジョンを知る

「そんなにうまくいかないよ！　夫が『先に俺がアクセルを踏む』と決めていても、数年経ったら『もっと忙しくなっちゃったから、ごめん』って言われるのでは」と心配している方もいるでしょう。

でもよく考えてみてください。

夫婦は**「家族の共同プロジェクト」**を回すパートナーです。共同経営者なのに、妻のキャリアを形成できない上に、フリーライドする夫が、あなたにとってベストなパートナーでしょうか？

私は離婚を勧めているのではありません。ただそれを、あなたがきっと（渋々でも）「（夫の選択に）イエス」と言うであろうと、パートナーはわかっていて話をしているのではないかと思います。

その場合は、別の夫婦間問題が裏に隠れている可能性が高いので、最初の**「お互いのキャリアに対してどう思っているか」**、そのために**「長期目線でどう役割を担って**

いくか」の話し合いを長めにしてみることをおすすめします。

余談ですが、私がかつて在籍していた外資系企業の社長（今は、代わってしまいましたが）は、子どもが3人いて、奥さまも企業人でした。いわゆるエリート中のエリートで、海外転勤も何カ国目のエリートです。その社長ですら、誰の助けも借りずに「家事育児」を夫婦だけで100%やるのは無理だと言っていました。

「妻がキャリアのアクセルを踏んでいるときは、僕がキャリア形成を少し緩やかにして、子ども3人の送迎をしたり勉強を見たりしていたよ。逆に、僕が欧州でキャリア形成をしているときは、妻が子どもを見ていた。こんなふうに夫婦の長いキャリアを見て、キャリアのアクセルを踏む場所を、お互いで調整し合って乗り切っていけばいいんじゃないか」

と社員の前で話していた姿が、私の心に今でも残っています。

キャリア形成で持っておきたい「トレードオフ」思考

もう1つ頭に入れておきたいのは、「物事はトレードオフ」の考えです。私もキャリア形成で、産後に「このままでいいのかな、子育てしている間に取り残されるのでは」という不安にかられた人間です。そんなときに「トレードオフ思考」が私のキャリア形成の苦しみから解放してくれました。

「トレードオフ」とは、**「何かを得ようと思ったら、何かを差し出す」**ことを意味します。

例えば、物を買おうと思ったら、お金を差し出します。のんびりしたいと思ったら、何かを止めて自分の時間を差し出さなければいけません。

物事の原理原則の基本は、トレードオフです。それなのに、なぜか私たちは、キャリアだとか、お金を稼ぐだとかを考えると、すべてを手に入れようとしてしまうのです。両方とも得よう（得られるはず）と思うから、苦しくなります。

「時間はないけれど、満足いくまで業務で結果を出したい」「独身の頃と同じように働きたい」「時短になったが、仕事の成果は良い評価をもらいたい」などなど……。

私たち日本人は努力至上主義文化が強いため、「努力すれば叶いそう」と感じてしまいます。実際は時間以外のリソース、思考力も体力も育児や家事で奪われている以上、独身時代からそのリソースを差し出すタイプの仕事をしていた場合、同じだけ結果を出すのは難しいのです。

だからこそ、「**何かをトレードオフで差し出さないと得られない**」考え方を頭の中に入れておく必要があります。

例えば、

「好きなように仕事に時間をかけたら、経験やスキルが身につくのか？」

「その代わりに差し出しているものは何か？」

と、迷ったら自分に問うてみます。

そうしないと、私たちはキャリアを断面だけで見たときに、仕事ができない、思うようにキャリアが構築できない、家事育児ができないと「自己肯定感」がどんどん下がってしまいます。

「できないのではなく、今はそういうタイミングなんだ」「トレードオフで出せないから、得られる結果が少ないんだ」と思うと、少しは気持ちを緩めて働き続けられます。

大事なのは、**キャリア形成のスピードを維持することではなく、レースから降りないこと、あきらめないこと**です（これは、同じ会社で働き続けろという意味ではありません。広い意味で、キャリアを継続させようという意味です）。

「一時的にトレードオフで差し出せない」ことを認識して、キャリアをストップさせるのではなく、存続させることが重要です。

また、この「トレードオフ思考」は、家事育児や仕事すべてにおいて、少し迷ったときに役に立つ指標になります。

夫婦でキャリアと家族など、「家族の運営方針」に迷ったら、使えるリソースと差し出すものを比べて考えてみることをおすすめします。

キャリアの「マイものさし」を持っておく

譲れない価値観を「見える化」

しなやかなキャリアを築いていくなら、「会社の評価基準」などとは異なる、どんな場面でも自分の選択の基準になる「キャリアのマイものさし」を持つ必要があります。

ライフスタイルの変化や、やりたいことができたり、年齢を重ねて住みたい場所や、仕事に使いたい時間が異なってきても、キャリア選択の軸となる「ものさし」です。

キャリアの選択や形成を行なう際に、**譲れない自分の価値観**を指します。

一般的な自己分析ツールでは、自分の長所や短所、価値観などを分析して自己理解をするように推奨されます。しかし、時代の変化が激しかったり、求められる能力やスキルが異なってきたり、さらに、しなやかなキャリアを形成していこうと思えば、「生き方やキャリアの核」となる**「どのように働きたいか」を見える化**して、持っておく必要があります。

「キャリアのマイものさし」をつくっておけば、人生の岐路に立ったとき、選択に迷うときなどに、自分の判断基準となります。会社内の働き方はもちろん、転職、結婚など、さまざまな人生の節目で、自分の望む満足度の高い働き方を選択する助けとなります。

「ライフワーク」と「ライスワーク」の交差点を探ってみる

「キャリアのマイものさし」を持つと、自分が大事にしたい価値観に基づいての「仕事」が見えてきます。

仕事は、**「ライフワーク」**と**「ライスワーク」**に分けられます。

「ライフワーク」とは、「自分の好きなこと、やりたいこと、楽しいこと」で構成された仕事です。一方、「ライスワーク」は、「お金を稼ぐため」の仕事になります。働いて賃金を得て、それを住居費や食費などに交換していくためのお金を稼ぎます。

よく「夢を追いかけよう、自分らしい仕事をしよう」なんて自己啓発系の発信や本を読むと書いてあります。これは、まさに「ライフワークを見つけましょう」という話です。

しかし、現実問題として、「ライフワーク」だけで生きていける人はわずかです。

著名な山口周《しゅう》さん（元外資系コンサル、現在は独立、著書多数）ですら、「ライフワークとして、本を書いたり考えごとをしたりするのは好きだが、どこかの企業で講演をすれば何百万円の講演料がもらえる。それは、ライスワークとして成立している」とお話しされています。こんな著名な方ですらそうなのですから、ましてや凡人の私などは何をかいわんやです。

ただ、何も考えずに仕事をしていくよりも、**「ライフワーク」「ライスワーク」の交差点を探すキャリア形成**に意識を持っていくほうが幸せになります。

好きだけでは生きていけませんが、好きが原動力になって自分を成長させてくれる可能性があるからです。「ライスワーク」があるから、「ライフワーク」に専念できることもあるでしょうし、「ライスワーク」だと思ってやっていたとしても、そこで出会った仕事や人間関係が自分の枠を広げてくれる可能性もあります。

余談ですが、知人の女性は、仕事では「ライスワーク」として通訳の仕事をしています。「ライフワーク」としては、海外の方が日本で不妊治療をする際の通訳をしています。人を助けたい、不妊に悩む人の助けになりたいと考えていますが、これだけでは食べていけない。そこで交差点を探して、両方を取れるキャリアをつくっています。これもまた、ライスワークで培った技術がライフを助けてくれる、ライフワークの経験（英語力や交渉力）が、相乗効果をもたらす典型的な良い例です。

キャリアの「マイものさし」のつくり方

このように、「ライフとライス」ワークの掛け合わせの仕事で収入を得るほうが、自分らしく持続可能なキャリアにつながります。

そのためには、「自分が譲れないものは何か」を、キャリアに対する価値観の「マイものさし」につくっていく必要があります。含まれる要素は、次の3つです。

◉できること……得意、強み、弱み。
◉やりたいこと……望むこと。過去から何度もやっていること。
◉やるべきこと……人生やキャリアで大事にしたいもの。幸せに生きるためにやるべきこと。

これを具体的に置き換えてみると、次のようになります。

◉できること……持っている資格や、本業で培ったスキル、経験数が長いものや収入を得ていること。
◉やりたいこと……人に言われなくてもやってしまうことや、過去から最もお金と時間を使っていること。
◉やるべきこと……いつか人生で成し遂げたいと思っていることや、理想の自分を思い浮かべたときに必要なこと。

皆さんは何が浮かびますか？

もし浮かばないときは、過去の経験を思い浮かべてみるのも1つの手です。

例えば、大学生時代の居酒屋でのアルバイトを思い出したとします。

「お客さんに料理を出して雑談するのが楽しかった」

「お店を閉めた後に自主的にまかないをつくると、褒《ほ》められた」

「行き届いた掃除で褒められた」

これらの中には「できること、やりたいこと、やるべきこと」の構成要素が隠れています。

◉**できること**……細かなチェックや配慮をすること。自ら率先して動くこと。

◉**やりたいこと**……人とコミュニケーションを取ること、人が喜ぶ顔を見ること。

◉**やるべきこと**……人の喜びが自分の喜びと感じられるようなキャリアを形成していくこと。

過去のアルバイトの経験だけでも、その人が大事にしているキャリアの価値観が見えてきます。これに、現在の仕事での事例を足していくと、より具体的に見えてくるはずです。

キャリアの「マイものさし」が思い浮かばない人へのヒント

それでも思い浮かばない人は、**「相対的」**と**「絶対的」**のものさしで考えてみてください。

「相対的」とは、「他者と比較」で見つかります。わかりやすいのは、足の速さなどです。「私は足が速いです」と言っていても、100人並んで一斉に走り始めて、下位10位だったら速いとは言えません。学歴や資格取得など、比較で証明ができるものに関しては、これらの相対的ものさしがよく使われています。

「絶対的」とは、「他の何物とも比べようのない」ものさしです。過去の経験などから、導き出されます。

例えば、「私は正義感が強い」としたとします。これは他人と比較して、どのくらい正義感が強いかはわかれません。いじめられる子を10回見て「相手が5回注意するところを、私は9回注意したから、より正義感が強い」なんて比較できないですよね。

そうではなく、自分がどんな経験や価値観から「正義感が強い」としているのか、これを見つけるのが絶対的なものさしです。このものさしを使って、過去の経験や現在の経験から紐解いてみてください。

この「キャリアのマイものさし」を持てば、職業の条件とか収入とか福利厚生とか（もちろん大事ですが）だけにとらわれない、**マイキャリアを選択する基準**になります。

そして、「キャリアのマイものさし」があれば、ライフワークとライスワークの交差点も見つけやすくなるはずです。

自分がどう働き続けたいのか、どんな仕事でお金をもらっていくのかを考え続けると、継続的な自分のキャリア観がつくられます。

ライフイベントや加齢など、キャリアの方向性が変わる可能性はあります。「マイものさし」があれば、あなたオリジナルの武器になります。

ワーキングマザー生活こそ、「生産性向上」最強の筋トレである

「仕事力」が落ちたのではなく、○○○を変える分岐点に来た

共働き夫婦に子どもができて、ワーキングマザーになると、時間が限られた生活に突入します。仕事以外にも「家事育児」に費やす時間は増え、子どもがいる前と同じような働き方はできなくなります。大人2人の夫婦時代なら帰宅後も「仕事のアイデアや新しい企画について頭で考えている」ことも可能でした。しかし親になると、帰宅後は「夕飯をどうするか、お風呂に子どもをいつ入れようか」と段取りに追われた

り、保育園の連絡帳を読み、明日の登園準備が待っています。それまでとは違う思考を使っていくようになるのです。

当然ながら、仕事にかけている「身体的、思考的な時間」は減ります。結果として、使えるリソースが減っている分仕方ないのですが、なんとなく「仕事力が落ちた」ような気持ちになります。

では、これは本当に仕事力が落ちたと言えるのでしょうか？

本当に仕事ができなくなったのでしょうか？

決してそんなことはありません。**ライフスタイルの変化に伴い、これまでの仕事の「やり方」を変える分岐点が来ただけ**です。

ワーキングマザーは、子どもができたタイミングでこの分岐点が急激にやってきます。

「時間がないから、これまでの働き方を変える必要がある」

この変化に、働く母親の多くは、「このままじゃまずい！」とパラダイムシフト（価値観の変容）を起こして、「時間当たりの生産性の向上」で対応し始めます。

使える時間が限られるがゆえに、**「時間がない中で成果を上げる=生産性を上げる」**

方向へ働き方の舵を切るのです。

仕事に使える時間が決まっているからこそ、「仕事の優先度付けがうまくなる」「ショートカットキーなどを駆使するようになる」「業務を前倒しでやるようになる」「不要な仕事が捨てられるようになる」「安請け合いを避ける」「無駄をなくそうと努力する」など、行動を変化させていきます。これまで以上に、仕事の生産性向上にシビアに取り組み始めます。すると、ワーキングマザー1年目では「つらい、つらい」と思っていた仕事も、2年経つと、まるで「筋力がついたかのように」こなせることやできる量が増えていきます。月日が積み重なるごとに、強制的に「生産性」が向上していきます。

これを私は「ワーキングマザーの筋トレ」とたとえています。

「横型のリーダーシップ」をつける絶好のチャンス

ワーキングマザーになって「キャリアの方向性が見えなくなった」と言う方も多く

いらっしゃいますが、私はこれもある意味チャンスだと考えています。

キャリアの方向性とは何でしょうか？

会社で上司から「今後どうする？」と聞かれて「今日ですら、保育園のお迎えギリギリなのに今後っていつよ」と焦る「今後の方向性」でしょうか？（違います）。キャリアの方向性とは、会社勤めの場合は一般的に「縦」ラインで問われることが多い。いわゆる、部署内の上司部下の関係性で見るキャリアの「はしご型ライン」です。この「縦、はしご型」で考えると「方向性」は見えなくなります。

ワーキングマザーが考えるべきは、この**「縦」ではなく、「横」の方向性**です。組織横断力、「横型のリーダーシップ」、部署や部門を超えた「横」を巻き込んでいく力の育成です。

では、ワーキングマザーはなぜ「横型の力」を考えるべきなのかを考えてみましょう。

ワーキングマザーになると、働く母親という属性自体が人数的に（多くの会社では）社内ではマイノリティになります。すると、自分の所属する部署だけでなく、他部署を含めた視点から、自分と同類のキャリアに目が向くようになったり、これまでは意識もしていなかった部署を超えた共働き世代との交流が増えたりします。

マイノリティであるがゆえ、部署内で解決し得ない問題（復職手続きや勤務相談など）を人事部や総務部と相談しながら解決していくケースも増えます。

これが、何に良いのでしょうか？

強制的に縦のみならず横とつながることによって、横断的なコミュニケーションを取る機会が増えるのです。私自身もワーキングマザーになってから、他部署の共働きのメンバーと情報を取得したり、与えたりする関係をつくるようになったり、働き方を含めた社内での交渉力や部署を超えたやりとりが増えました。

さらに、社内だけでなく、社外の人（保育園や学校の役員など）とのかかわりも、子どもがいることで増えていきました。

属性も背景も違う人たちの中に出ていって、交渉したりまとめたりする力は、**「横型のリーダーシップや組織横断力」**をつくる経験を確実に積ませてくれます。

実は「横型のリーダーシップ」を育成するのは、「縦型のリーダーシップ」より難しいのです。なぜなら、縦のラインでは当たり前とされている考え方や慣例が通用しなかったり、上下関係の力がない分、相手側の背景も配慮した働きかけが必要になるからです。ワーキングマザーは自分がマイノリティ側になった分、フラットな目線や想像力を身につけることができます。「社内だけでなく社外の人とかかわる機会も増える」「状況を理解するための質問や対話をする」「想像や忖度でコトを進めない」「目的や目標設定をして方向性を合わせる」。具体的には、ベビーシッターの手配から指示出し、保育園役員、社内でのポジション交渉や、メンター探しなどを含めてすべてが「横のリーダーシップ力」アップにつながっています。

「縦」の方向性ではなかなか得る機会がない「横の力」を身につける大きなチャンス到来なのです。

これからのダイバーシティ経営時代に求められる能力

ワーキングマザーの筋トレで身につく力は、次の2つです。

①時間当たりの効率を考えて仕事をするようになる＝生産性向上
②横断的な関係構築力が身につく＝横型のリーダーシップ

これからはダイバーシティ（多角化、多様化）経営ができない企業は潰れていきます。なぜなら、日本は高齢化に伴い労働人口が減り、さらに介護問題も本格的にやってくるからです。

今までと同じような属性（男性、長時間労働）の人ばかりを雇えなくなるし、限界が来ると、すでに多く報告されています。

そんなときに求められるのは、多様な考え方や価値観を持った人をまとめるような人材です。

ワーキングマザーは、ひと足先に、強制的にこの経験ができており、能力を培っています。これから大きく社会の中で求められる可能性が高いのです。

ワーママ必須スキル「属人化防止術」を使いこなす

育児は、3種の労働を一度にこなす重労働

「駅につき深呼吸してママになる」（「第1回　オリックス　働くパパママ川柳」入賞作品）。ケアする側のコンディション調整や、帰宅して「これから」を想像させる一句ですよね。

正直、育児は体力勝負。私は本音では「仕事より疲れる」と思っています（小声）。

では、なぜ疲れるのでしょうか？

育児を労働の種類で分類してみます。

労働には**「頭脳労働」「肉体労働」「感情労働」**があります。育児を保育士業務と見なせば、「感情労働」になります。頭脳労働や肉体労働はわかるけれど、「感情労働って何?」と思いますよね。

感情労働とは、「相手の精神を特別な状態に導くために、自分の感情を誘発、抑圧することを職務にする、精神と感情の協調が必要な労働」(社会学者A・R・ホックシールド)とされています。保育士以外にも、看護師や介護従事者なども含まれます。

育児はまさにこれです。「感情労働は向き不向きがある」と言われており、向かない場合は、職業を変えたほうがいいとまで言われています(自分の感情を抑圧しすぎると、うつ病などの発症のリスクがあるため)。

子どもを持った親たちは皆、この感情労働に従事するのと同じ状態になります。仕事と違って「今日はお休みします」なんてわけにいきません。さらに、寝不足でどんなに体がきつくても、子どもをお風呂に入れたり寝かしつけなども待っていますし(肉体労働)、子どもの成長のために細かな食事づくりや、成長でのこだわり(頭脳労働)把握や対応も同時に行なっています。

「属人化防止力」を身につけよう

共働き家庭で育児だけでなく、仕事もしているのですから、疲れないわけがありません。ましてやその負担を1人で担っている「ワンオペ育児」をしている人は本当に頑張っているはず。では、**「頑張り過ぎている」と認識したら、まず最初にやってほしいこと**があります。

それは、**「属人化防止力」を身につける**ことです。

「属人化」とは何か？

会社において「あの人に聞かないと問題がわからない、解決しない」なんてケースはありませんか？　または、「社内で、自分がなかなか休みが取れないのは、代わりにできる人がいない」と、情報や仕事がブラックボックス化している会社があったりします。

すると、その人がいないと組織が回らないようになってしまいます。その人が何かの拍子で辞めてしまうと、大きな損失になるし、情報を隠してしまったりすると、コンプライアンス問題に発展してしまいます。

これが、「属人化」状態に陥っているケースです。

最近の企業は、できるだけ**特定の人に対して仕事がつく「属人化」を防ぐように仕組みを変えたり、システムを変えたりする**ように変化しています。

実は、この流れはワーキングマザーにとっては追い風です。

なぜならワーキングマザーは、突発的な出来事（子どもの病気や欠席など）で仕事に穴を開ける可能性があるため、日頃から属人化をしないように意識して仕事を開示したり、仕組みをつくっている人が多くいるからです。自分がいなくても、仕事の資料はどこにあって、進捗はどこでわかるか、誰が対応するかが日々明確になっています。この属人化防止の采配ができる能力は、家庭だけでなく企業において「重要な能力」として求められています。

家庭でも役立つ「属人化防止」のコツ

組織やチームに大きなリスクを与える可能性がある「属人化」問題。起こってしまう理由は、大きく3つあります。

①業務がマニュアル化されていない、他のメンバーに共有する時間や仕組みがない。
②専門的である、担当者にしかわからない感覚的マネジメントが存在する（行動のように管理できない）。
③独占することで、自分がその業務で必要不可欠な存在になる。

属人化をさせないスキルは、家庭で必要とされる能力の大事な1つになります。家事育児において、**夫婦の役割にアンバランスが生まれるのは、どちらかに「属人化した業務」が発生している**からです。

料理や掃除程度だったら、さすがにもう「ママじゃないとダメ」なんてことは、共働き家庭においては少なくなっていると思いますが（そうでない場合は、夫との話し合いが急務です）、作業だけでなく、物の収納や手配においては、まだまだ「○○じゃないとわからない＝属人化」が存在しているご家庭は多いでしょう。

「薬は、ママじゃないとわからない」「食材の注文や冷蔵庫の中身の補充もママじゃないとわからない」「ベビーシッターの手配、準備物がわからない」などなど。

育児は感情労働です。どうしても「寝かしつけはママじゃないとダメ」「着替えもママじゃないとダメ」など、子どもが小さいうちは存在します。これは「感覚的マネジメント」と呼ばれます。行動と違って、その担当者にしかわからない対応です。

しかし、育児の「ママがいい」を優先させてやる分、他の家事やさまざまな手配など、家庭を円滑に生かすための作業に関しては、夫婦2人で属人化させずに、どちらがやってもどうにかなる状況をつくることが重要です。

実際、職場だけでなく家庭内でも、**「ママがいなくてもOK」**の家庭ほど、何がどこにあるのか、パパでもママでもベビーシッターさんにもわかるようになっており（普段わかりにくい、薬、ビニール袋のストックなど）、属人化されてない仕組みができあがっています。

「属人化防止術」をうまく回すには？

普段から「そのタスク」をやっている回数が多い人は、経験に伴うこだわりが出てきたり、完成度のハードルが上がるので、満足のいくポイントまで行なってもらおうと思うと、依頼する相手（夫婦どちらか）と喧嘩になる可能性もあります。

属人化を防止するコツは、相手に完璧を求めないことです。6割程度でいいので、どちらがやっても、とりあえず生活に支障がないレベルの合格ラインになっているか、また誰が見てもすぐに理解できる仕組みになっているかが大きなポイントです。

例えば、「体温計はいつもキッチンの電子レンジの上」など、具体的な場所が紐づいているとわかりやすいですよね。「ほら、あの場所、あの引き出し」ではなく、モノの住所になるように、わかりやすく箱を置く、ラベルを貼るなどして、誰が見ても（祖父母やシッターさんなど他人が見ても）わかるようにしておけばOKです。

「お互いがその作業をカバーできるところまで、属人化を防止すること」が合格ラインになります。

「感覚的マネジメント」と「行動マネジメント」を使い分ける

感覚的マネジメントに関しては、本人にしかわからない「お世話相手特有のこだわり」があります。

例えば、子どもの対応はわかりやすい一例です。お母さんと座るときは右側、お父さんとは左、ベビーシッターさんがいるときはまた違うケースがあったりします。

これはどうしても「人に合わせて行動を変える」ため、属人化しやすくなってしまいます。そうさせないためには、「これは感覚的マネジメント」だと割り切ります。マニュアルをつくったりせず、「子どもといる時間」を区切りにして、その時間の行動責任を全部、お世話する相手に渡してしまったほうがいいマネジメントスタイルになります。

逆に「行動マネジメント」に関しては、「ここまでやったら、ゴール達成」というように、**マニュアル作成**と、**項目まで行動を細分化して示して**あげたほうが、相手は動きやすくなります。

属人化防止のためには、「行動マネジメント」はマニュアル化し、「感覚的マネジメント」は、担当者（夫やシッターさんなど）に経験を通じて「その人の感覚」を培ってもらうのです。つまり、**「感覚的マネジメント」では、こちらが「こうして、ああして」と口を挟まない**ほうがうまくいきます。

　自分以外でも大丈夫なように、まずは「行動マネジメント」の属人化防止策を増やしていくと、結果的に、「感覚的マネジメント」もカバーできる事例が増えていきます。

　例えば、「子どもがなつかないから」とシッターさんを入れない理由付けをすると、一生シッターさんは使えません。まずは「行動マネジメント」（家事や、親がいる横で子どもと遊ぶなど）から試していきます。だんだんとシッターさんに慣れていけば、「親」でなくても、できることも増えていき、そのまま「感覚マネジメント」に突入していきます。

　これは、シッターさんだけでなく、「夫」でも同じです。

「ママがいい」からではなく、「ママがいい」にさせないために、「行動マネジメント」から「感覚的マネジメント」へ少しずつ属人化防止をしていけば、家事育児も「家族」という名のチームで行なえる生活が待っています。

仕事力を落とさない「分解」目線を持つ

「仕事力が落ちた」と感じるバッドサイクルから抜け出すために

マサチューセッツ工科大学のダニエル・キム教授が提唱している「組織の成功循環モデル」があります。「結果の質と、関係の質と、思考の質と、行動の質」この4つの質で、組織の「質」を見ています。

実は、これまでとは異なる働き方（ワーキングマザー）になると、この質の罠にハマり、バッドサイクルに陥りやすくなります。

例えば、子育てで時短や残業勤務になると、一時的に、これまでのパフォーマンスの出し方と異なった仕事の仕方をしなければいけなくなるために、少し練習の時間が必要になります。そのため、若干、その時期に**「結果の質」**が落ちる可能性がありま す。また、働き方がこれまでとは違うため、社内のチームメンバーや上司との**「関係の質」**が悪化することもあります。思うように働けず、社内でも肩身が狭い思いをしてくると、必要とされない感覚を味わって**「思考の質」**が落ち、さらに仕事に対しての積極的な姿勢が減り**「行動の質」**も低下します。すると、再び「結果の質」が悪くなるというバッドサイクルに陥るわけです。

この状態を、どこかで聞いたことがありませんか?

私自身も経験がありますが、育休明けの復帰後に、このサイクルのどこかで仕事につまずくと、雪崩れるように悪循環に陥りやすくなりました。ゆっくり考えて立て直す時間がないために、そのまま「行動の質」「結果の質」が落ちることもありました。

これが行き過ぎると、**「マミートラック」**です。マミートラックの定義は「子育て中の女性が、仕事と育児の両立で、昇進や昇給などの機会が難しくなること」とされます。バッドサイクルにハマると、妙な焦りやあきらめを感じたりします。

「ああ、なんだかうまくいかないな。以前はこんなことなかったのに……」

そもそも人間は「仕事」のためだけに生きてるわけではないので、育児と仕事の両立から、会社の中で昇進や昇給できないというのは、社会の仕組み上、おかしいですよね。しかし、「おかしい！」と声高に叫んでも、すぐには何も変わらない。自分自身がワーママになってから「仕事力が以前より落ちている」と感じる場合は、バッドサイクルから抜け出す術を持っておく必要はあります。

そのために、**「生産性を上げる仕事術」**を身につけるのです。

4つの質から考える生産性を上げるコツ

バッドサイクルにハマらない、また抜け出すために、**「結果の質と、関係の質と、思考の質と、行動の質」を上げる**ために、具体的にどのような意識で仕事に取り組んでいくのがいいのでしょうか？

それは、次のとおりです。

①ゴールを重視する——【結果の質】
②「なぜ」を使って視座を上げる——【関係の質】
③枠や制約をうまく使う——【思考の質】
④タスクを細かくするクセをつける——【行動の質】

1つずつ、詳しく見ていきます。

①ゴールを重視する——結果の質

時間内にパフォーマンスを出そうと思ったとき、大事なのは、**「この仕事のゴールはどこなのかを理解する」**ことです。そんなの当たり前だよと言われそうです。しかし、意外と抜けています。このゴール設定がズレていると、時間内に仕事が終わらなくなっていきます。

例えば、社内プレゼンの資料づくり。ゴールは資料をつくることではないとわかっていても、資料をつくり始めると、こだわりが出てきて、仕事が終わらない……。社内向けの仕事になってしまいます。

「取引先と商談をする」となれば、ゴールが商談成立ですので、細かい資料作成よりも、取引先が置かれた状況の情報収集のほうが重要かもしれません。

仕事は結果がすべてです。備えあれば憂いなしで準備できたらもちろんいい。しかし、時間がない人が時間当たりの生産性を上げて仕事をしようと思うと、ゴールを重視した仕事にしないと、準備不足やタイムオーバーになって、ゴール達成できない可能性があります。

私はよく職場で新規の案件に取り組むとき、この案件に取り組む際に「一番優先されるべきゴールはどこでしょうか」と聞いていました。上司は、会社の意向を組んで仕事を割り振りしていますし、私には「何のパフォーマンスを出してほしい」のかとゴールが見えています。そして、それが「評価ポイント」に直結します。

ゴール確認は、社内での評価ポイントを確認することにもなります。生産性を上げた仕事をしようと思ったときには、必ず会社と自分のゴール設定をズラさないように確認が大事になります。

②「なぜ」を使って視座を上げる――関係の質

職場でうまくいかなかったり、仕事がうまくいかないときには、ついつい人は外的な原因を探してしまいたくなります。私も1人目の育休明けのときに仕事がうまくいかず、毎日持ち帰り残業していたときは、「業務量が多すぎるから」とか「上司が急な指示をするから」と考えていた時期もありました。

しかし、「なぜ」業務量が多いと思うのか？「なぜ」上司は急な依頼をしてくるのか？

と**「なぜ」を使って深堀り**してみたのです。

すると、自分側の要因、内的な原因にも気がつくようになりました。

「業務量が多いのは、私が完璧主義だから、すべての仕事を100％やり切ろうとするからではないか」「単身赴任中で好きなように仕事ができる上司からすると、急ではないのではないか。私が事前に急な案件を断らないで、必死に家で仕上げようとするからこうなるのでは」と、一歩踏み込んだ視点で原因を見られるようになります。

時間には限りがあるのだから、ある程度の区切り（80％）などで仕事を出す、もしくは50％の段階で上司に見せておいて、方向性を相談しておく（できあがってからの変更を減らす）など、**生産性を高めるほうに力を使っていかなければいけない**のではないかと、具体的な策に頭が回るようになります。

そうすれば、業務量が多いと不満に思っている職場や、上司との関係性も悪くなりにくくなります。急な案件に関しても、事前に上司にネゴしておけば、防げたかもしれません。

「なぜ」と視座を上げていくと、自分の仕事のやり方やコミュニケーション力の課題に気づけるのです。すると、外的なことに原因を求めなくなっていくので、自ずと職場の関係も良くなるし、それによって、結果的に自分の仕事力も上がっていくのです。

③枠や制約をうまく使う——思考の質

子どもができる前の私は、どちらかというと、締め切りギリギリ派。追い込まれたほうが焦っていいパフォーマンスが出るタイプの仕事をしていました。

そのため、24時間仕事のことが頭の片隅にあり、それもまた、自分の追い込み方法だと、都合のいいように考えていました。

しかし、ワーキングマザーになったら、そんな仕事のやり方では通用しません。仕事のやり方をガラッと変える必要に迫られました。

まず、就業時間の枠が決まっています。残業なんてできないので（お迎えがある）、好きなように働けないのです。家に帰らず仕事ができるわけでもないし、ギリギリまで時間をかけて悩んでいる時間はありません。時間の枠が区切られている以上、仕上がっていなくても仕事を出し、フィードバックを受け、改善していくしかないと気がつきます。

一見、大変そうですが、実は人間の集中力は、昨今の脳科学の研究からも、数時間しか持たないと報告されています。8時間会社にいたところで、集中して仕事をしているのはせいぜい5時間程度という報告もあります。そのため、長く働いて成果を出そうとするよりも、**最初から「枠がある」「絶対にここで帰らなければならない」と思っているほうが、生産性が上がる**のです。

「時間がないから仕事が満足にできない」という思考を持っていると、必ずそれは行動に現れてきます。むしろ、「枠があるからこそ、私は生産性が上がる仕事ができる」と決めてしまうのが有効です。

ただルールをつくっただけでは改善しません。枠を活かして生産性を上げていこうと思ったら、枠を超えない中で仕事力を上げていくしかありません。

そのために、私は次のルールを設けていました。

・決めた時間までにできあがっていない仕事があっても、とりあえず出す。
・業務の取り掛かりに必要なルーチン作業は、できるだけ自動化する（定型メールや、パソコンのショートカットなどは多用する）。
・早め早めに仕事の進捗を見せ、上司に方向性を相談しておく。
・時間内に終わらなかった仕事は、必ずオーバーした時間をメモし、オーバータスクを把握する（次回は改善するか、時間見積もりを増やす）。
・社内向けの仕事は8割で出す。

このルールをつくり、**「時間の制限があるからできない」**から**「制限があるからこ**

そやり切る」に発想が変わりました。思考の質を高めるためには、具体的なアクションを決めておくと有用です。

④タスクを細かくするクセをつける――行動の質

例えば、「社内会議でプレゼンする」という仕事があったとします。１００人の前でプレゼンするので気が重い。そんなときも、プレゼン日までに「必要とされるタスク」を以下のように小さく分けます。

・アイデアを出す。
・アジェンダをつくる。
・主張を決める。
・必要なデータを集める。
・スライド枚数を決める。
・スライドを作成する。

・上司のチェック日程を確保する。

行動の質を上げようと思ったら、**「仕事」に含まれているアクションを分解する**ことが大事です。見えていないものを管理したり、行動するのは難しいです。特に行動量が時間に縛られているような場合は、具体的なアクションやタスクを細分化して、「やめられるもの」や「減らせるもの」、そして「代用できるもの」を見つけておきます。

「悪いサイクルに陥ってるな」と思ったら、アクション別に見直す。そうすれば、全体的な行動が落ちていくのではなく、「やめること」と「やること」を分けて考えられるようになり、質が下がりにくくなります。つまり、優先度付けができ、効率化にもつながります。

そもそも何のために、仕事時間内に終わらせて、生産性を上げる仕事をしていくのでしょうか？　私は、「自らが人生をコントロールするため」と考えています。仕事に操られるのではなく、自分の人生の一部として仕事があります。実際、私たちの一生で仕事をしている時間は21％しかありません。

1年間……24時間×365日＝8760時間。

週休2日で1日8時間働いても、仕事時間は240日×8時間＝1920時間です。

時間という単位で見ると、思っているより仕事に時間を使っていないのです。

しかし、その仕事が人生のメインのように感じてしまい、自己肯定感が下がったり、自己効力感を失ったりするケースがあります。むしろ、この短い時間の中でどうやって生産性を上げていくのかを早めに気づけるのが、ワーキングマザーたちの利点です。バッドサイクルに陥ることなく、生産性にフォーカスした仕事力を上げていきましょう。

第2章

「人間関係」の習慣

——ライフステージに合わせた思考法

家族の幸福度を上げるために、家事の効率化の前にコレをやる

手段から入るとうまくいかない理由

家事の効率化や収納術、便利家電にライフハックを発信するSNS。これらを見て「良さそう。取り入れよう！」と思った経験はないですか？

以前の私は、これが「生活を便利にしてくれるなら」と思って、便利グッズや家事グッズを購入していました。収納は、すべて見える化してくれるようなクリアボックス、ドアにカバンをかけられるハンガー、お風呂まわりの備品を外に出しておくためのカゴなどから、野菜の皮が早く剥《む》けると聞けば、それ専用の器具を買ってみたり、

冷凍食品をおいしく保存できる専用の袋なども買っていました。多忙な人でも、子どもがいても「とにかく、これがあれば便利になる！」と思っていたのです。

ところが、数カ月経つと、「使わなくなった収納グッズ」が邪魔になったり、別のモノが上に置かれてスペースを取るだけで使えなくなったりと、家事効率化からほど遠くなった経験があります。

その後、私は家で快適に過ごせるようにするために、片付け収納の資格「ライフオーガナイザー1級」を取りました。そのときに気づいたのが、まず「ものを片付けよう」と思って**収納グッズを買う人は、「必ず片付けがうまくいかない」**ことです。

なぜかと言うと、収納グッズに合わせて、家にある物を収納したくなるので、本当に必要なものではなく、収納グッズに合わせたものが残るようになってしまうのです。

すると、大事にしているものではなく、スペースに合わせたものが良い場所を取っていき、そのためのメンテナンスが必要になったりと、工夫しているのに使いにくい、家事効率化になかなか結びつかないとなってしまいます。

私の例からも言えるように、家事効率化や家の仕組みをつくりたかったら、一番大事なのは、**「自分と家族にとって、何が必要か、何が大事か」を知る**ことです。

家事効率化を実現する仕分け法

では、どうやって「自分と家族にとって、何が必要か、何が大事か」を知るのか？

ここで、1つのやり方をご紹介します。

このやり方は、有名なビジネス書『7つの習慣』から、「時間マトリックス」を応用しています。「緊急」と「重要」の2軸で4象限をつくり、「緊急でもなく重要でもないもの」は第4領域として「時間を使うのをやめなさい」という考えです。

これを応用して**「できる、できない、好き、嫌い」**で分けます。

次ページの図は私のものです。日常的にルーチンで行なわれる作業（食事づくり、洗濯、買い物、保育園の支度など、必ず毎日やるもの）で、仕分けをしてみます。

この中で注目すべきは、**第4領域の④「嫌い、できない」の項目**です。ここに入った項目は、外注するか、回数を減らすか、そもそも行為自体をなくすように取り組んでみます。私の場合は「買い物」です。そのため、私は、買い物は全部外注にしまし

家族の幸福度が上がる！ 家事の仕分け法

家事の仕分けマトリックス

	好き	嫌い
できる	① 洗たく物 ↓ 毎日やるし、干すのも好き。ストレス発散になる。	② ごみ捨て ↓ ごみを集めて袋をつけ収集日を忘れないようにするのが嫌。 でも毎週やっている。
できない	③ そうじ ↓ 好きだが、時間がかかるのでやりたくない。 好きだが、満足するほどできていない。	④ 買い物 ↓ 商品を持って帰るのが重くて嫌。日用品は買っても楽しくない。 急いで買うので買い忘れが多い。

た。生協（生鮮食品、米、飲料など）、Amazon定期便（シャンプーやハンドソープなど）にして、買い物にはいっさい行きません。これはわが家の場合なので、買い物が「好き、できる」に入っている人は、無理して効率化する必要はありません。

第4領域から手を付けることが最優先です。この中でも、毎日やるものほど、細かく分類してみるのもおすすめです。買い物とひとくくりにするのではなく、「生鮮食品の買い物は好きだけど、日用品は面倒」と言う人もいます。その場合は、もう1つマトリックスをつくって、「買い物」という大項目からやっていること（日用品購入、食料品購入、お酒の購入、書籍購入など）を分類して、「嫌い、できない」に入った項目を捨てるのもいい手法です。

外注がムダかどうかは、時給と価値で判断

私の場合、「好き、できない」に入っている「掃除」は、第4象限ではないですが、毎日はルンバに、週1回はシルバー人材センターにお願いしています。掃除は好きだ

けど、家族と過ごす時間やせっかく取れる趣味の時間を減らしてまでは「できない」「やりたくない」からです（時々ストレスが溜まったら、下駄箱を掃除したりします、すっきり！　これは目的が違いますね）。

外注するときに、よく「それはお金がある人だからできる、私はお金を払うくらいなら自分でやる」と話す人がいます。そんなときは、ご自分の時給を計算してみてください。

まずは、給与を勤務時間で割ってみます。月28万円もらって20日間（1日7時間）働いている人なら、28万円÷（20日×7時間）＝時給2000円です（実際は福利厚生や社会保険を含めると、もっと高い時給になるはずですがここでは割愛）。一般的には、その**時給以下で外注できるなら「掃除」などは頼むべき**だとされます。

しかし、時間がないワーキングマザーが持つ視点としては、1時間2000円で外注をお願いしたら、掃除する時間（時給2000円）＋自分が「学ぶ時間」「子どもと過ごす時間」「のんびりする時間」に対して、時給2000円以上の価値があるかどうかです。時給2000円払って外注して、その時間に「自分にとって意義のある過ごし方」ができるなら、自分でやるより何倍も大きなメリットがあるので、再考してみる価値はあります。

満足度を下げるものは、「やらない」仕組みづくり

他にも「できる、嫌い」にも、自分や家族にとっての満足度が上がる生活のヒントは隠れています。私は「ゴミ捨て」は「できるけれど、嫌い」でした。ゴミ捨ては「家中のゴミ箱からゴミを集める、袋を付け替える、ゴミ別に収集日を忘れないで出す」の繰り返しで、私には管理項目が多く、ワーキングメモリを消費する家事だからです。

そこで、ゴミ箱を家中からなくして、キッチン1カ所にしました。ゴミ箱に合わせて、人が動く仕組みです。収集日も忘れないように、アラームを2回設定、有料ゴミ袋の買い出しは、職場の1階にコンビニがある夫の項目にしました（地域別の有料袋はAmazonにはなかった）。

外注したわけでも、何かグッズを買ったわけでもありません。**仕組みを変えて「や**

らない」ことを決めて、家事満足度を上げている例です。

他にも、行動は縛られているけれども、その時間自体を違う項目に「転換してやめる」こともできます。

例えば、洗濯物を干す時間には「Kindle本の読み上げ」を聞く、子どもとの電車遊びに何時間も付き合うのが苦痛なら、知育の時間にして、各都道府県の駅に電車ごっこで行くなどです。やっている行為は変わらないけれど、意味を変えてしまいます。

「効率化」より「家族の満足度」を上げる仕組みづくり

効率化目的で複数のものを取り入れるのではなく、自分にとって、家族にとって「できる、できない、好き、嫌い」を見る練習をしていくと、「自分の優先度」「家族の優先度」が見えてきます。わが家のような買い物スタイルだと「え！　1週間に1回の生協でいいのですか？　週の後半は、生野菜や刺し身など出てこないし、ご家族から文句は出ませんか？」と聞かれます。わが家は週末にお出かけして、外食するときに生鮮食品を選んで食べたりします。このやり方でも、家族にとっては、土日の外出が楽しみになるので、これでいいのです。それよりも、平日にワンオペ育児で私がイライラして買い物に行くほうが「家族にとってはやめたほうがいいこと」なのです。効率化や便利グッズ、やったら良い知恵は巷にたくさんあふれています。それらもうまく使えばこその効果発揮です。

ぜひ**効率化を取り入れる前に、家族の満足度を上げる仕組み**づくりとして、次のことをやってみてください。

◉自分の**「できる、できない、好き、嫌い」**で、毎日やっていて改善したいことを分ける。
◉外注を入れるなら、**時給思考**を持つ。
◉減らせないなら**「意味」**を置き換える。
◉**家族にとって「やめたほうがいいこと」**を見極めると満足度が上がる。

夫婦は、家事分担より役割分担

公平に育児も家事も取り組みたいと思っている共働き夫婦がつくりやすいのが**「見えない家事リスト」**です。夫婦で「家事分担を公平にしよう」という目的で広まってきた「見えない家事リスト」をご存じですか？　例えば、「ゴミ捨て」という家事には、「ゴミを家中から集める、ビニール袋を付け替える、ゴミ収集日をチェックする、有料袋に入る量を入れる、分別する、時間を守って捨てる」などさまざまな項目が含まれます。この見えない家事が「リスト」になります。一般的には、家事分担量が多い妻が提示する項目が多くなります。

この「見えない家事リスト」をつくって、夫婦で家事を押し付けあっても、実はうまくいきません。リストがあることで「なんでここまでやるの？」「こんな細かくやっているのはあなたでしょ？」「やりたいほうがやりなよ」と、夫婦の家事認識ズレを際立たせ、関係が悪くなり、家庭内に不協和音が鳴り響くだけです。個人的には、**最初から「見えない家事リスト」なんてつくらないほうがやりやすい**と考えています。

なぜなら、見えないものは、人によっては本当に見えないからです。

それよりも、お互いが見えている**「役割」**をパズルのように組み合わせる。そのほうが、家族みんなが気持ちよく取り組めます。例えば、妻は料理をする、夫は掃除をする。公園遊びは夫がメイン、絵本読みは妻がメインなど。家族はシェアハウスで過ごしているわけではないのですから、家事の「個数を分ける」のではなく、「役割を分ける」。人間は完璧ではないので、夫婦で「お互いの苦手」を補う。そのほうが、夫婦でいる意味があるはずです。家事を公平にするために家族でいるのではなく、幸福になるために一緒にいるはずです。もちろん、パートナーが非協力的だ、分担の偏りがある、なんてご意見もあるでしょう。その場合にやるべきなのは、**「見えない家事リスト」を叩きつけることではなく、「何のために家族でいるのか？」の目的確認**です。家族の幸せを増やす「補完型」の考えを持っていきたいですね。

家族のミッションが、夫婦仲を良好にする

「終身雇用制度」の崩壊は良いニュース!?

この本を読まれている方は、共働き家庭の方でしょう。資本主義社会の荒波を、「夫婦2人で共働きで乗り越える」のは、とても理にかなう選択です。繰り返しになりますが、2人が働いていると、片方が働けなくなったときのリスクヘッジにもなるし、「大黒柱1本」で稼ぎ続ける家庭よりも、金銭的、精神的な負担も、夫婦で分かち合えます。

自分が仕事を辞めても、お互いでそのリスクを補完し合って、チャレンジを応援し

合うのも可能です。もちろん、子育て中はどちらかがキャリアのアクセルを緩めざるを得ないときもあります。そんなときに、今は自分がアクセルを踏む時期（キャリア形成）、数年後にはパートナーがアクセルを踏む時期など、長い目でキャリアを両立させていく調整をするのが理想的です。

「終身雇用が保障されない」時代の流れは、ある意味ラッキーです。終身雇用で大黒柱1人の働き手をずっと会社に拘束されているより、**家族と仕事の選び方がよりフレキシブルになる**からです。

会社ありきで家族のルールを変えるのではなく、夫婦の働き方、アクセルの踏み加減によって会社での働き方を選択できる時代になっています。

私が第1子出産後、「やっておけばよかった」と思ったこと

私の反省点としては、第1子が生まれたときに、これから子どもの手が離れるまでの十数年間「夫婦のキャリアをどうするか」について、夫と全く話し合ってきませんでした

でした。

短期的に、「どちらが保育園へ迎えに行くか」「子どもの病気時には誰が対応するのか」それらは話しました。しかし、長期的に見て、「キャリアのアクセルをどこで踏むのか、数年後にどうするのか」までは、全く話してきませんでした。

そのため、**「仕事時間の短縮の終わりが見えない」「キャリアの停滞感を感じる」など、ゴールの見えないマラソンに突入した気持ち**に陥っていました。

24時間好きなように働く夫。かたや残業もできず、子どもの病気で仕事に穴を開けたと、だんだん自分ばかりが我慢や犠牲を払っている気持ちになっていました。

子どもがかわいくないわけではないけれど、「親としてもう一人いるパートナーが何も負担をしていない」「なぜ結婚して子どもを持っただけで、私だけ生き方を変えなければいけないのか」という疑問は、「夫への不満」へ変わっていきます。だんだんと**「私が不幸なんだから、お前も不幸になれ病」**にかかってきます。そうすると、家族全員で不幸になるしかありません。

夫婦が見ている方向を同じにする

――「家族のミッション・ビジョン・バリューの作成」

では、私はこの「お前も不幸になれ病」をどう克服したのか？

克服したというより、改善するために2つのことに取り組みました。

1つは**「家族のミッション・ビジョン・バリューの作成」**、もう1つは**「夫婦でファミリーキャリア（お互いのキャリア）をすり合わせる」**です。

会社勤めの方なら、自社のミッション・ビジョン・バリューは言えるでしょうか？

ミッション・ビジョン・バリューは、会社の「企業理念」や「経営指針」です。

これは、家庭においても子どもが生まれたなら、必ずつくっておいたほうがいいと考えています。ビジョンとは**「家族のあるべき姿」**、ミッションとは**「家族の目的、存在意義」**、バリューとは**「具体的な指針、価値基準」**です。

今日はどんな家族でいて、何のために家族でいるのか。具体的に何を大事にしていきたいのかを決めるだけです。

例えば、キリンビールが公開しているミッション・ビジョン・バリューは、次のとおりです。

◉**ミッション**……新しい飲料文化をお客様と共に創り、人と社会に、もっと元気と潤いをひろげていく。
◉**ビジョン**……日本をいちばん元気にする、飲料のリーディングカンパニーになる。
◉**バリュー**……お客様にとってのあたらしい価値／お客様の安全・安心／おいしさへのこだわり／お客様・パートナー・地域とのWin-Win／熱意と誠意

シンプルでわかりやすいですよね。このように「誰に」「何を」伝えるのか、家族バージョンに置き換えて、考える上でのヒントを挙げてみます。


「子どもが産まれたら、どんな家族になりたいのか」

「家族の存在意義は何なのか」

「これだけは大事にしたいよねという価値を決めておく」

などです。

これを作成しておくだけで、たとえ夫婦喧嘩も親子喧嘩も、基準がこのミッション・ビジョン・バリューになるので、家族の大義として重宝します。

さらにおすすめなのは、**1年1回見直す**ことです。

例えば、結婚記念日でもいいし、子どもの誕生日でもいいですね。子どもが大きくなってきたら、家族の一員として作成にも参加してもらったらいいですね（子どもたちは、きっとその考えを、次の自分の家族へも生かすと思います）。

幼児がいる家庭は、時間や思考力など、リソースが子どもに多く取られるので、人手が足りなかったり、コミュニケーション不足で、どうしても喧嘩の種が多くなってしまいます。

夫婦喧嘩の火種の多くは、お互いが見ている方向が違うから生じます。そんなとき、この指針となるミッション・ビジョン・バリューがあれば、夫婦2人で1つ視座の高いところに目線を移動させて、「何のために、この喧嘩をする必要があるのか」に気づけるのでおすすめです。

わが家の「ミッション・ビジョン・バリュー」

◉**ミッション**：いつでも戻ってこれる場所。
◉**ビジョン**：羽を休める給油地点としての場所（心地よい家、食事、対話）になる。
◉**バリュー**：笑顔でいること、どんな選択も尊重すること、各自の主体的なチャレンジに応援すること。

夫婦で、キャリアの方向性を決める
――「夫婦でのファミリーキャリアをすり合わせる」

もう1つは「キャリアの方向性」を2人で決めることです。

共働きが前提でも、お互いの働き方まで細かく決めているご家庭は少ないと思います。それが「ファミリーキャリアをすり合わせる」です。

そんなときに参考になるのが、**「ファミリーキャリアの5つの分類」**です。2018年にジェンダー・バランスの支援を専門とするコンサルティング会社のCEOが提唱しています。

私たちの職業人生は、長期化していきます。決めた方針は変わるかもしれません。「長期的に見て、2人で働き方を決めた」「お互いがどこでアクセルを踏むのか、お互いが決めた」という事実が大事なのです。

ちなみに私は、「リード・キャリアタイプ」の夫婦でした。夫の転勤に合わせて2回ほど自分も転勤をさせてもらっていますし、夫が長時間労働をしているため、自身の働き方を制限していました。

しかし、今となってはそのことが功を奏して、会社員の働き方から、自分で何かを生み出していくタイプの仕事（最近は、ヨガスタジオの運営や、音声配信、執筆などをしています）のほうが向いていると思ったので、私自身の働き方を変えました。

現在、結婚して11年目の私たちは「補完型キャリア」に移行しています。予想していたキャリアプランが合わなくなったら、変えていけばいいのです。

しかし、自分たちの幸福度を上げてくれるキャリアを模索し相談し合う環境をつくり続けることが、短期的な意味でも夫婦喧嘩を減らしてくれます。

また、**「ミッション・ビジョン・バリューの作成」「お互いのキャリアのアクセルを踏むときを決める」**ことは、子育てにおいてもいい影響があります。

あなたの夫婦はどれ？ 夫婦でキャリアの方向性をすり合わせる

ファミリーキャリアの５つの分類

	キャリアの詳細	メリット	デメリット	例
シングル・キャリア	**従来からある典型的なモデル。** ・夫婦の１人が、すべてを決定づけるキャリアを持っていて、配偶者と子どもはそのキャリアに従う。	・高給を得ることが可能。 ・夫婦の１人が仕事に全面的に注力できる。 ・パートナーは他のすべての役割に対応できるが、収入のことを考える必要はない。	・予期せぬ形で、あるいは完全に、収入を失うリスクがより高い。 ・働いていない配偶者は、結果的に別居あるいは離婚した場合、立ち直るのがより困難で、年金の備えもないことが多い。	
リード・キャリア	**シングル・キャリアから派生したモデル** ・一方のキャリアを軸に夫婦の生活の場所や、転居先を決定づける。 ・パートナーは、パートタイムや融通のきくフリーランスなどのキャリアを持っている。	・シングル・キャリアと同じ利点があり、欠点はいく分緩和されている。		・本来はフルタイムで働いていてもキャリア変更を余儀なくされて、そこから新たなキャリアを導き出す人もいる。
交替型キャリア	**２人にとっての「平等な機会交替」を選択する** ・それぞれが次の昇進や地理的な移動に対する優先権を持ち、パートナーは役割の調整に合意する。	必ずしも、パートナーと家族が付き従うことを意味するわけではない。	・このアプローチは、あまり頑なに守ろうとすると、「取引」のようになる可能性がある。 ・「私の番」という意識がお互い強すぎると、夫婦が目指しているバランスが崩れる。 ・場合によっては、家族は1ヵ所に留まり、あちこち飛び回っている配偶者が長時間通勤する。	・２人が有名企業のCEOなど、仕事にコミットしていて金銭的バックアップがある場合成り立ちやすい。両方の役割を十分かつ定期的に楽しむことができていた。
並行型キャリア	**それぞれが似たような、非常に有力なキャリアを持つ夫婦** ・「パワー・カップル」と呼ばれることがある。 ・最近増えているこのタイプの夫婦は、互いに補強し合う職業的ネットワークと知識を持ち、互いのキャリアを強化し合っていることが多い。	・仕事の話が好きで、互いの仕事で何があったかを共有する。（お互いの仕事のためになる） ・互いに学び合える。	・共に有力なキャリアを持つ夫婦は、雇用主にとって悩みの種である。このような夫婦は、地理的な移動がますます困難になる。 ・配偶者が上級職の場合は、他の場所での再現や移転が必ずしも容易ではない。	・夫婦は2人ではうまくやっているが、このような場合は家族（子ども）に犠牲が及びがちとなるケースがある。外注が進むなど、子どもは十分な関心を払ってもらえない。
補完型キャリア	・仕事の性質が異なる2人、成功基準やサイクルが異なり、うまくいく可能性が高い。	仕事の性質、キャリアフェーズ、繁忙期、時間帯などが異なる夫婦は、往々にして生活をうまく回しやすい。 ・年間あるいは人生の段階において、両者の大変な時期が重ならないため、やりやすくなる。 ・キャリアが似ている場合に生じうるバッティングと争いを避けることができる。（職種が違うため、タイミングがバッティングしにくい）	・夫婦ともに昇進のペースが大きく異なってしまう場合は対立につながりやすい。子育てに関する選択が原因であれば、なおさらである。	・日勤と夜勤という面で多様化を補うなどの選択が可能。

《出典》アビバ・ウィッテンバーグ＝コックス
（https://www.dhbr.net/articles/-/5282?page=3）を基に作成。

子どもの幸福度とは、親の収入や習い事の多さなどでは決まらないとされています。まわりにいる大人（親）の仲の良さや家庭の雰囲気が大きな影響を与えているのです。子育てもキャリアも、お互いに補強できるのであれば、夫婦の絆も家族の絆も強くなります。そのためにも、家族のミッション・ビジョン・バリューを作成してみることはおすすめです。

夫婦仲を良くする切り札「可処分時間を平等にする」

短期的な意味でも、夫婦仲をうまくいかせるためのコツを知りたいですよね。私はこの夫婦仲を良くするためのコツは、可処分時間の公平性であると考えています。

私たちは生活時間、家事育児時間、それ以外の自由な時間が自分時間になります。ちなみに、生活時間とは定時までの仕事時間を含みます（残業は除く）。残った自由時間（残業含む）が不公平になっていくと、夫婦仲は悪くなっていくと思っています。

つまり、**自由な時間が可処分時間**とも表現できます。可処分所得と同じで、自由に使えるお金と一緒です。

つまり、仕事が時短でも家に帰って家事育児をしている時間をトータルして合わせたら毎日自分時間が1時間しかない妻と、仕事時間はフルタイムで長いけれども、その後自分の好きなように残業したり、ジムに行ってから帰ってきたりして、家事育児を全くせず自分時間を毎日2時間確保している夫の場合は、必ず夫に対して妻の不満が溜まっていきます。

なぜなら、仕事時間は短いかもしれませんが、妻側の自由な時間が毎日1時間ずつ少ない、つまり、本来なら夫が引き受けなければいけない家事育児時間を、妻側が請け負っているからです。

ここで「フルタイムで働いてるんだから」「収入が多いんだから」「自分時間（可処分時間）が多いのは当然、仕方ない」なんて夫が言う場合は、そもそものファミリーキャリアの時点で話し合いましょう。また前述した、フリーライド問題についても触れてみてもいいのではないでしょうか。

私たちは、お互いの時間を取り合って、不幸になるために結婚したのではありません。「家族で幸せになるために結婚しているのだ」という原点に戻ります。可処分時間の公平性を守っていると、夫婦喧嘩は減ります。

余談ですが、子どもといる時間は可処分時間ではありません。1人の時間です。たまにこの話をすると「妻は家にいて、子どもと過ごしているので、毎日可処分時間は取れている」と話す夫側の意見を聞きます。**子どもと過ごしている時間は「1人の自由な時間」ではありませんので、可処分時間ではありません、**と付け加えておきます。

「思考グセ」を捕まえて分解すると、人間関係の悩みが減っていく

「〇〇であるべき論」に囲まれやすい日本のワーキングマザー

「日本はハイコンテクスト文化だ」と言われています。ハイコンテクストとは、コミュニケーションを取る際に、前提にある言語や価値観、考え方が非常に近いことを意味します。つまり、考え方や価値観が近い人ばかりなので**「言わなくてもわかるだろう」**文化が強いのです。逆に欧米は、多様な民族や価値観の人が集まっているので、「言わないとわからない」文化で構成されています。

このハイコンテクストであることは、良い意味なら、すべて言わなくても、お互いがわかり合えます。しかし、悪い意味では、「受け取り側」に責任がかかるコミュニケーションになります。要は**「察して当たり前」**なのです。言葉による説明が少ない社会では、どう理解するかは「受け取り側次第」になります。

そのため、十分な説明がないにもかかわらず、理解できない、空気を読まない「受け取り側」が「ダメだ」「同調圧力、空気読め」となります。

日本の女性は、空気を読みすぎる傾向があります。社会から求められる「像」を敏感に察知していると、自分の「価値観」に鈍感になってしまいます。

ワーキングマザーはこなす役割が多いので、コンテクストを読むと、プレッシャーに感じます。**母親**なんだから、**会社員**なんだから、**妻**なんだから、いろんな「〇〇だから」や「〇〇であるべき論」に囲まれやすいのです。

そうなっていくと、判断基準が「他人の価値観」や自分がもともと持っている「思考のクセ」で物事を判断したり、見やすくなります。気がついたら他人の判断に乗っ取られてしまっているわけです。

日本のワーキングマザーは世界一大変と言われますが（海外と違って、子育ての外注難易度が高い。家事の要求レベルが高い。日本のお弁当や清潔度はすばらしいですよね）、それには、このハイコンテクスト文化が関係しているのではないかと推察できます。

この文化や人の考え方、見方はコントロールできません。私たちができるのは、自分の見方や行動をコントロールすることだけです。

「自動思考」の罠から脱する

では、**自分が持っている「思考のクセ」**を考えてみましょう。何かが起きたときに、自分の意志とは関係なく、自動的に湧き出る思考を指します。心理学用語の1つです。簡単に言うと、**「見方、認知のクセ」**です。

例えば、上司からのメールが自分にだけ来ていない。そのため、社内ミーティングをすっぽかしたとします。さて、皆さんだったら、どう思いますか？

・上司がわざと送らなかったのでは？

・上司が普段からメールのグループをつくっていないから悪いのでは?
・上司のOutlookを見てミーティングがあることを確認してなかった自分が悪い。
・自分のせいじゃないから、ミーティングをすっぽかしても私が悪いわけじゃない。

起きた出来事は1つですが、皆さん、さまざまな考えが頭の中に浮かんでくるのではないでしょうか。これが自動思考です。私たちに「認知のクセ」を与えています。具体的には、このような認知クセの種類があります。「白黒思考」「マイナス思考」「拡大解釈」「過小解釈」「ラベリング(〇〇に違いないなど)」「すべき論」など、たくさんの種類があります。

ちなみに私は、拡大解釈のクセを持っています。何か物事が起きると関連を想像して、最悪の事態を想定したり、悪い状況を想起してしまうのです。子どもがちょっと学校に行きたくないと言ったら、いじめが起きてるんじゃないかと思うタイプです(笑)。

この認知のクセは、生育環境や性格から育ってきているので、こちらで制御する前に、勝手に出てきてしまいます。「自動」思考ですから。そのため、厄介なのです。

私たちはただでさえ役割が多く、ハイコンテクスト社会に生きています。そうすると、「空気を勝手に読んで判断してしまう」「（思考グセで）自分を苦しめてしまう」場面も増えます。

自動思考は思考であるため、止められません。ちなみに、この勝手に浮かんでくる「思考のクセ」は悪いものではありません。「悪い」と思うのではなく、見つけて対処する、気がつくことが大事です。

私はその手法として、**「事実」と「感情」を切り分ける**ようにしています。

「事実」と「感情」を分解する——自分の「思考グセ」の捕まえ方

『嫌われる勇気』で有名になったアドラー心理学でも、「すべての悩みは対人関係の悩みである」と言われるくらい、コントロールできないものに使う時間も思考もありません。

変えられないものは「過去と他人」です。**変えられるのは「未来と自分」**です。

私は、自分の思考グセが出ている（自動思考が出ている）と思ったときは、「起きた出来事」と「感じたこと、考えたこと」を分けて、紙に書くようにしています。こうすると、事実は1つですが、「解釈や感情」は複数生まれていることがよくわかります。紙に書くことで、まざまざとそれを客観視できます。

例えば、

「職場で同僚に無視された　↓　以前もワーママが嫌いと言っていた同僚だ　↓　私がワーママだから嫌いなんだわ、悲しい」

こんな出来事があったとします。

この中で事実は何でしょうか？

「同僚に無視された」　これだけです。その他の感情や解釈はすべて「自分の頭」がつくっています。

思考や価値観、この事実を書いてみると、自分の思考グセに気づきます。紙に書くと、「起きた出来事」に対して、

・その考えは本当なのか？

・事実は果たしてそうなのか？

・相手は本当にそう思っているのか？

と問いを立てられるようになります。

もしかしたら同僚に挨拶の声が聞こえなくて、「勝手に自分が無視された」と思っているのかもしれません。「ワーママが嫌いだから」と私は思っているけれど、現在もそうかはわかりません。「悲しい」のはなぜなのか？　人に嫌われたくない、怖いなど、自分の自動思考が判断しているのかも……。

このように「ただ書くだけ」でも気づきが多くあります。少し冷静に考えられるようになります。

「自分の思考グセ」を捕まえる練習をしていくと、「自分がどうしたいのか」「自分が快か不快か」など、自分に向かってアンテナを立てて決めることができます。

働く母親はついつい「社会のあるべき」「他人からの求められる姿」に敏感になってしまいやすいので、「思考グセ」を分解できる術を持っておくと、まわりや自分に翻弄されずに生きやすくなります。

「サードプレイス」が人間力をつける

現役のうちに、新たな肩書きをつくる

皆さん、子どもが巣立ったら、どんなキャリアや人生が思い浮かびますか？

現在の生活が大変なので浮かばない？　それともこんな夢があるなんて方もいるのではないでしょうか？

私たちは、一生ワーキングマザーではありません。母になる前の人生も、もちろんあったし、子どもたちが巣立ってからの人生も待っているし、その期間のほうがずっと長いのです。

だからこそ、人生を長期目線で見たときに、現役の頃から、個人で所属する場所をつくっておくことをおすすめします。

ワーキングマザーでなくなる日もいつか来る。その前から複数の肩書きを持つ人になる。**お母さん、妻以外の肩書き、〇〇会社の〇〇さん以外にもう一つ、個人の肩書き**をつくる。そんなイメージです。

私は2020年4月に16年勤めた会社を退職しました。しかし、その直前には現役会社員にプラスして次のようなサードプレイスを持っていました。

◉長年ヨガをしていたので、ヨガの場（生徒、インストラクターの両方）。
◉発信をする場（SNSやワーキングマザーコミュニティなど）。
◉取得した資格、ライフオーガナイザーの場。
◉不動産賃貸業関連の仲間の場。

本業とは**「全く関係のない場所」**です。欧米では、こういった場所を**「サードプレ**

イス」と言います。アメリカの都市社会学者レイ・オルデンバーグが、仕事でも家庭でもない3番目の場所として名付けました。サードプレイスの条件は、義務や必要性に縛られるのではなく、自らの楽しみや心が向くままに趣味をしたり、息抜きをしたりできる場所とされています。

まさに**母でも妻でも、仕事人でもありません**。

サードプレイスを持つメリット

サードプレイスを持つメリットは、次の2つです。

①視野が広がる（ナナメの関係、多様な価値観）。
②個人力が上がる（ストレス緩和、コミュニケーション力）。

実際、私自身の経験としても、仕事で嫌な出来事があったり、夫との関係がうまくいかないときも、「個人の場所」「サードプレイス」の存在が、私を助けてくれていました。サードプレイスが**ストレスマネジメント**につながっているのです。

私は1人の人間だが、いろんな場面に私の分人がいる。

この考え方を作家の平野啓一郎さんが「分人思考」として著作『私とは何か』で記されています。職場で仕事をする自分も、家庭にいて母であり妻である自分も、サードプレイスにいる自分も、すべて1人の人間です。

しかし、その場所によって見せる顔も違えば、関係する人たちの印象も異なります。これを「分人」と表現しているのです。つまり、**個人は分人たちによって成り立っているの**です。

あなたの分人たちの活躍の場を用意しておくと、仕事や家庭にも役立ち、視野も視座も広がります。

分人思考を持つメリット

場によって違う自分を存在させる「分人」が複数いるほど、収入経路が複数広がる可能性が広がり、人間関係も広がるので、トータルで見たときに人生においてのメリットが大きくなります。

ただ、人によっては場所疲れをする人もいるので、私的には、**だいたい3から5人くらいの分人を（仕事場趣味など合わせて）持っておく**のがいいと考えます。

分人が複数いて個人が成り立つと思えば、所属した場所でつらいときやうまくいかないときに救われます。

「今、この分人（仕事）はうまくいってないんだな。でも、違う分人（家庭）がうまくいってるから、まあいいか」

と心のバランスを保ったり、うまくいっているほうの分身のパターンからうまくいかないときのヒントを得られます。

分人ロールモデルを設定する

自分のなりたいロールモデルがいない――。レジリエントキャリア、しなやかなキャリアを適合させていこうと思っている私たちには、「なりたいキャリア像」を持った、ちょっと先にいる先輩たちの数がとても少ないのが現状です。ロールモデルは、具体的な行動や考え方の模範像です。「あの人のようになりたい」というロールモデルを選び、その影響を受けながら成長するのはいいとされていますが、現実問題としては少ないのです。

でも、**分人思考を持てば、分人ロールモデルを使えます**。仕事はこの人、母はこの人、ファッションはこの人など、分人たちの役割別にロールモデルを設定すればいいのです。

ちなみに、私の分人ロールモデルは、

- ◉**仕事**……小林賢太郎さん（劇作家）
- ◉**家庭**……ワーキングマザーの先輩
- ◉**趣味**……知り合いのヨガインストラクターさん
- ◉**見た目**……長谷川京子さん（女優）

と分けています。必ずしも、適した人がいない、その人の全部が理想でなくても、

「いいな」と思う要素を切り口別で、分人たちのロールモデルにしています。これを設定すれば、理想のロールモデルがいなくても、「あんなふうになれたらいいな」と思いながら、先に進んでいく指標となるのでおすすめです。

分人が生まれる「サードプレイス」の選び方

では、分人たちが生まれるような、どんなサードプレイスを選ぶのがいいのか、考えてみましょう。

サードプレイスの選択基準は、次の3つです。

①緩く細く長く続く場所である

忙しい中で関係を持っていくため、部活のように「行事」や「時間」を強要されると続きません。大人としての「お付き合い」が継続できることが好ましいですよね。

②多様な考え方を持った人たちが存在している

老若男女、年齢が異なる人たちが所属していています。自分の枠を広げてくれるような人間関係を築くには、**価値観が異なる多様な性別や年齢の人がいたほうがいい**です。さまざまな視点でモノを見る人たちに囲まれていると、考え方の枠を広げてくれます。

③「心理的安全性」がある

もう1つ大事なポイントとしては、**「心理的安全性」**があるかどうかです。

知り合った人たちの情報を漏らしたり、悪口を言い合うといった信頼感がない場所は、好ましいサードプレイスとは言えません。

また、職場のスポーツチームなどは、社内での人間関係や利害関係が影響する可能性があるため、できれば仕事と全く関係のない場所が好ましいと言えます。サードプレイスなので、**精神的なコスト（気を遣う、人間関係につかれるなど）を払う必要のない場所**を見つけていくのも重要です。

これらの条件で考えてみると、自分の好きなこと、習い事だったり、ボランティア、趣味などが当てはまってくるかと思います。

サードプレイスを持つと、メインの場所である仕事や家庭においても視野が広がりますし、メインでうまくいかないときには、心の支えになってくれます。

私たちは一生、ワーキングマザーではありません。サードプレイスが、新たな第3の場所として、自分の可能性や興味関心を模索する場所として、きっとあなたの人生に重要な役割を果たす場所になるでしょう。

自分のご機嫌を自分で取れる大人になる

機嫌がいい人の共通点

会社でもそうですが、機嫌がいい人、常にニュートラルな人はどこでも重宝されるし、人間関係の風通しもいいですよね。逆に不機嫌な人は、まわりをビクビクさせたり、気を遣わせたりと、自分だけでなく人にも負の連鎖があり、回りまわって「あの人は扱いにくい、不要な人」とレッテルが貼られて、自分も損をします。

そういう私も、かつては、忙しかったりすると、家族の前では甘えも出てしまい、ついつい機嫌の波が出てしまいました。その後に、落ち込んだりもするんですよね。

機嫌がいい人とは、常に鼻歌を歌ってるようなテンションが高めの人ではありません。また、**「機嫌の良さ」は、持って生まれた性格ではありません。**まわりの機嫌がいい人を思い出してみてください。共通点があるはずです。

- 感情の起伏が少ない。
- 環境で機嫌の良し悪しが決まらない。
- 機嫌がいいというより、ニュートラル。
- 無理をしない（寝ない、食べないなど）。
- 嫌なことをさらりとかわせる。

このように「機嫌がいい」状態は、何かものすごい努力で必要な項目を満たしているというより、ちょっとしたポイントやコツを押さえることであることがわかります。**機嫌がいい人は、「心理的柔軟性」が高い**とされます。「本当に大切にしたい自分の考えに意識を向け、それを邪魔する感情にとらわれず、生き生きとした生活を送るための心の柔軟性」を持っているのです。自分の心に素直（自己を理解している）だから、外的なものに動かされず、自分をニュートラルに保てるのでしょう。

機嫌良く過ごすための3つの条件

私は第1子の育休明け、常に**「不機嫌な女」**でした。今思えば、時間がないため「心の余裕」がなかったのです。仕事が終わらなければイライラし、家に帰れば、ワンオペ育児のため、子どもに早く行動してほしいと焦り、何かと無理をして「私ばっかり」と思っていました。

不機嫌は伝染するので、当然家に帰ってきた夫の機嫌も悪くなります。私は子どもに「自分の機嫌の悪さ」が伝染してはいけないと、無理やり子どもの前では笑顔になっていましたが、心の中では無理をしているので、子どもが牛乳のコップをひっくり返したりすると、ついイラッとして大きな声で叱ったりしていました。

その後、「このままではいけない」と思って、機嫌良く過ごすために、自分を平常状態に保てる方法を習ったり、学んだりしました。その中でも、自分をニュートラルにしてくれる、外的なものに惑わされない方法についてご紹介します。

機嫌良く過ごすには、次の3つの条件があります。

①環境やまわりに左右されない。
②自分の内面に振り回されない。
③悪くなりそうになる前に手を打てる。

「良し悪し族」ではなく、「好き嫌い族」になる——機嫌良く過ごすためのコツ①

先の3つの条件を満たすべく、実際に機嫌良く過ごすための3つのコツがあります。

1つ目は、「良し悪し族」ではなく「好き嫌い族」になることです。これは、一橋大学の楠木健さんが著書の中で提唱されている話です。

「良し悪し族」とは、世の中を自分の基準で「白と黒」で判断している人たちです。自分の判断を「正義」とし、そぐわないものは「悪」「悪い」「ダメ」とします。この**「良し悪し」で判断すると、不機嫌のループにハマりやすくなります。**

例えば、「挨拶は大きい声でするべきだ」→「挨拶をしなかったあいつが悪い」→「あいつが悪いから自分が不機嫌になる」。

最近、ネットの世界で「炎上」と呼ばれる、好意的ではないコメントが集中的に攻撃性をもって投稿される現象があったりします。これはまさに「良し悪し族」です。人の発言を「良いか悪いか」で判断し、しかもその判断基準が自分にあるために、悪い相手を懲《こ》らしめたくなるのです。

一方、「好き嫌い族」は、自分の機嫌の波にさらわれません。なぜなら**「好きか嫌いか」の判断と、相手の行為と、自分の機嫌を切り離すことができる**からです。

例えば、挨拶をしない人がいたとしても、「挨拶をしないのは好きじゃないな」と嫌い族になって終わりです。挨拶するしないを「良しか悪しか」のジャッジをしないのです。「自分は嫌い」、それでいいのです。

自分が正しい、良いと思うと、相手は悪くなります。正義感から相手を「正しく攻撃」していい理由になってしまいます。そうではなく、「好きじゃない」で終わりにして、感情や行動を起こさせないようにしているのが「好き嫌い族」です。

人から何か言われたときにも役に立ちます。悪口を言われたとしても、「嫌だな、嫌いだな」で終わりです。良いとか悪いとかで判断し始めると、「なんで自分が悪い目に遭わなきゃいけないんだ」と不愉快になります。不愉快になると、合わせて機嫌も悪くなっていきます。

自分は悪口だと思ったけれど、相手からしたら軽口かもしれません。「良し悪し」のジャッジを出してくると、人によって判断基準が異なるので、どちらの正義が正しいかの話になってきます。

好き嫌い族なら、「自分は好きじゃないが、相手はそれが好きなんだな」で終わりです。この好き嫌い族で生きると、モノの見方が変わり、不機嫌な自分に出会う回数が減りました。機嫌をニュートラルに保てます。

「加点方式で物事を見るクセ」をつける

――機嫌良く過ごすためのコツ②

2つ目は、「加点方式で物事を見るクセ」をつけることです。

「加点方式、減点方式」の考え方がありますが、自分を減点方式で見ている人は常に

100%やり切っても100点にしかなりません。少しでもマイナスの部分があると、マイナスの部分を埋めるためだけに行動しているので、なかなか自分に100点を出せません。自分だけならいいのですが、この減点方式の考え方は他人にもしてしまいがちです。常に100点にならないことに対して不平不満を持ちやすいので、機嫌良く過ごすのは難しくなります。

一般的には「良い子」とされる「減点方式」で評価を受けてきた人が持っていやすい考え方です。私はそれを「一番病」と呼んでいます。常に「一番にならない自分」に対して不満を持ってしまう。すると、人生は楽しいものではなくなります。逆に、加点方式の人は、常に加点、プラスで考えているため、自分の機嫌がどんなときも安定しやすくなっています。

ストレス解決用アクションを持つ――機嫌良く過ごすためのコツ③

3つ目は、「ストレス解決用アクションを持つ」です。おすすめは、**「ご機嫌アクションをリスト化する」**です。

私たちが不機嫌になるときは、ストレス（心に対する圧力や負担）がかかっています。これを元に、自分がネガティブな反応を引き起こした結果、「不機嫌」になります。

ストレス原因は「ストレッサー」と言われます。ストレスがかかったときは、「ストレッサー」から逃げるのが一番いいとされますが、私たちは、ストレッサーからすぐに逃げられる生活をしているわけではありません。

ストレッサーからのストレスの感じ方は、**「事実の受け止め方」**と**「受け止めた事実への対処」**で変わります。事実の受け止め方については、93ページの「思考のクセを捕まえ方」の項目で書いていますので、ここでは「受け止めた事実への対処」としてアクションリストを紹介します。

「ご機嫌のアクションリスト」とは、**「コーピングリスト」**と同じです。アメリカの心理学者リチャード・S・ラザルスがストレス・コーピング理論で提唱しています。カウンセリングなどでも使われている手法で、自分がストレスを感じているときに行なうと、ストレス軽減になる行為や言動のリストです。つまり、「不機嫌の回避リスト」です。

具体的には、次ページの図のように**「すぐにできるアクション」**を書いていきます。

「ご機嫌リスト」のつくり方

「ご機嫌リスト」のつくり方にはコツがあります。

- **お金と時間がかからない。**
- **すぐにできる。**
- **健康を害さない。**
- **後悔しない。**
- **他人に迷惑をかけない。**

これらの条件をすべて満たした項目だけがリストに入ります。

まず、お金と時間がかかるものだと、ストレスを感じたときに「お金と時間」がないとできないので適しません。例えば、「ブランドバッグを買う」「海外旅行に行く」

自分に効く「ご機嫌のアクションリスト」をつくろう！

「ご機嫌のアクションリスト」の例

- 水を飲む
- 深呼吸する
- ハッカ味のガムを食べる
- 階段を歩く
- トイレに行って伸びをする
- 爪を切る
- 炭酸水を飲む
- 子どもの写真を見る
- 引き出しを片付ける
- パンを書いに行く
- 散歩する
- ハンドクリームを塗る

ポイント

①すぐにできるアクション
②お金と時間がかからないアクション
③健康を害するアクションはNG
④後悔しないアクション
⑤他人に迷惑をかけないアクション

などです。すぐにはできないものは入れません。

次の「すぐできる」ですが、例えば「散歩」とリストに入れたとします。これは職場だったら、すぐにできませんよね。それより「窓を開けて深呼吸」のほうがすぐに実現できる可能性が高くなります。

「健康を害さない」では、喫煙やアルコールは望ましいアクションではありません。依存していくと健康を害するからです。

「後悔しない」ですが、大きな金額を使ったり、他人に電話して「ストレスの原因を悪口のように言う」などは、後日の自分が後悔するかもしれません。こういったアクションは止めておきましょう。

「他人に迷惑をかけない」ですが、「会社を無断欠勤する」「保育園のお迎えに行かない」など、他人を巻き込んで迷惑をかけるものも外します（いないと思いますが……）。

こうやってリストをつくっておくと、いざ不機嫌になったときではなく、不機嫌になりそうな前からアクションを取れます。

ご機嫌力の高い人は、自分の機嫌を良くするような行動を理解して、自分をマネジメントしています。皆さんもぜひつくってみてください。

機嫌がいいと、「信頼残高」が貯まる

ワーキングマザーが職場も家庭も両立するときに大事なのが「信頼残高」です。信頼残高とは、人との信頼関係を銀行口座の残高にたとえたものです。スティーブン・コヴィー氏の名著『7つの習慣』に出てきます。

「この人は信用できる」「この人には安心して任せられる」「何かあっても、必ず報いてくれる」と相手から信頼されている人が持っているものです。

それは、過去からの行動や人間関係のやりとり、「約束を守った」とか、「嘘をつかなかった」など、**日常の行動から積み上げているもの**になります。これは急にできるものではなく、少しずつ貯まっていきます。お金で買えませんし、時間がいくらあってもつくれません。

なぜこの信頼残高が重要なのでしょうか？

ワーキングマザーは、職場復帰後、子どもがいると、どうしても仕事に穴を開けることがあります。子どもの発熱で急なお迎えに行ったり、時間が限られて思うようなパフォーマンスが出せないときもあります。

そんなときに、昔から機嫌良く仕事関係の人と接して「信頼残高を積み上げて」仕事をしてきた人と、その頃から常に不機嫌で「信頼残高を損ねる」ような仕事をしてきた人とでは、まわりの対応は異なってくると思いませんか？

私が育休明けに職場復帰して、「今は時間の都合上できない仕事や選べないキャリアもあるけれど、待っているよ」と配慮してもらっていることに何度か遭遇したことがあります。

これは、「今の自分」ではなく、「過去からの自分」が職場で信頼残高を貯めてきたから、そう思ってもらえているのか、とハッとしました。信頼残高が貯まっているから「待っていて」もらえる。今の自分を助けてくれるのです。

自分の環境を整えて働きやすくしてくれるのは**「過去、そして現在の自分の行動や態度の積み重ねなのか」**と知ります。

では、どういった人がそんな行動や態度を取れるのか？

そうです、「機嫌のいい人」です。自分で自分を律して、自分の嫌なことにも対処ができる「機嫌のいい」人は、結果的に回りまわって信頼残高が増えて、自分を助けてくれます。

ぜひ皆さんも自分の「ご機嫌取り」をしてみてください。きっとあなたもまわりの人も幸せに過ごせるようになります。

第3章

「子育て」の習慣

――親も子も自立する関係

無意識の習慣を見直すと、子どもは自立する

誰もがなりうるかも!? 「召使いママ」とは？

この本を読まれている共働き世代の皆さんは、きっと社会人経験もそこそこあり、仕事でも先を見越した段取りをされているでしょう。**会社では気配りは当たり前、「1」と言われたら「10」まで準備する**ことに慣れているはず。

私も典型的にこのタイプでした。1と言われて1しかできないのはダメ。不測の事態に備えてバックアップまでしてこそ、優秀な仕事人と考えていました。

そんな30代の社会人女性が、ライフイベント「結婚」を経て子どもを産むとどうな

るか……？

仕事と同じように、子育てでも準備万端になります。外出1つとっても、子どものの好みのおやつから飲料、天気、気温まで把握して、マザーバッグはパンパンです。子どもに「寒い」と言われる前に、長袖だけでなくベストまでいろんなものを準備していました。

0歳や1歳ならともかく、これが成長しても続いていくと、どうなるでしょう？

子どもも親も、その状態に慣れて、気配りが当たり前の日常。「ママに言えばどうにかなる」と、いつの間にか子どもの「召使い」のような関係性を無意識に選択した親になってしまいます。例えば、先日、行楽地で見かけた親子は、小学生の子どもが「ここ、つまんなーい」とぐずっていました。すると、親は「じゃあ、次はどこかへ行く？」「楽しめるものがあっちにあるかもしれないから行こう」と話しかけます。それでも子どもが「楽しくない」とごねると、渋々といった様子で「仕方ないからスマホでゲームする？」と声をかけて、子どものご機嫌取り……。

これは、幼少期から「子どもが不都合を訴えたら親が何かをする」関係性が、子どもだけでなく、親にも身についてしまった典型例です。

なぜ「召使いママ」になってはいけないのか?

「身近な大人(親)が何でも準備や解決してくれる」が当たり前であると学習した子どもは、常に「他人のせい」にする他責型思考になってしまう危険性があるからです。

「朝起きられないのは、ママが起こしてくれなかったせい」「自分が勉強できないのは、親が家で勉強を見てくれないせい」。挙句の果てには、「私の人生がうまくいかないのはママのせい」などと、成人後のわが子に言われてしまっては、親としてはあまりにもつらいものがあります。極端な例かもしれませんが「召使いママ」を無意識にやっていると、こんな事態を招く可能性があるのです。

わが子のために良かれと思って気配りをしているのに、それが逆効果になってしまっている――。実に残念な話です。

冒頭でお伝えしたとおり、いわゆる**仕事がデキる人ほど陥りやすい落とし穴**とも言えます。

「召使いママ」にならないためのキーワード

子どもの自立を促すのは、親の自立です。**子どもに過干渉はしない、失敗も成長も受け止める愛情基地になる。**これが、子どもの自立心を高める、理想的な親の役割とも言えます。**「自立」とは、他の助けなく、自分の力だけで物事を行なうこと**です。これができて始めて、「自律」、自分の行動を自分の立てた規律に従って行えるようになります。

「自立」は、「召使いママ」にならないために意識しておきたいキーワードです。**「自立」とは、「1人でやりなさい」と突き放すことではありません。**子どもがうまく独り立ちできるように、子育て中の「親の手」の引き算をしていくイメージです。言うまでもありませんが、愛情の引き算ではありません。

モンテッソーリ教育の創始者マリア・モンテッソーリは、教育とは「自立し、有能で、責任感と他人への思いやりがあり、生涯学び続ける姿勢を持った人間を育てる」と定義づけています。「自立」が最初にきます。

私たちは、子どもを「自立」させた上で「自律」できる大人として社会に還すように育てていく必要があります。親としての、その第一歩は、「召使いママ」にならないための、「自立」を意識した行動を親が選べるかにかかっています。

召使いママ「予備軍」かも!? と思ったら

「えー、自分は召使いママになっていないだろうか？　不安……」と気になった方もいるでしょう。

そんな方に、**自分が「召使いママ」かどうかを見極める方法**をご紹介します。

あなたは、お子さんから「喉が渇いた」と言われたら、次にどんな行動をしていますか？

自宅だったら、コップにお茶を入れて渡すでしょうか？

外出先ならお茶を買うでしょうか？　それとも、持参した水筒を出しますか？

子どもが「喉が渇いた」と言えば、多くのママはすぐに「飲み物を差し出して」います。

ここで、子どもから見たらどう思うのか、ちょっと考えてみてください。彼らからすると、「喉が渇いた」と言えば「水が出てくる世界＝親子関係」なのです。「喉が乾いた」と言えば、その先の行動は、親が察して用意してくれる。

外の世界では「喉が渇いた」と言っても、誰も水をくれません。**「喉が渇いたから、水がほしい」と言わないといけない**のです。

「現状を言えば、願いが叶う」環境にしてしまう——。

この繰り返しが「召使いママ」になってしまう第一歩と言えます。

わが子の自立を促すコミュニケーション術

親が積極的に子どもの欲求を汲み取って叶えていいのは、言葉が使えない0歳から2歳頃までだけです。

言葉が使えるようになったら、「喉が渇いたから、水が飲みたい」と言えるように「親の手の引き算」をしていく。欲しい物があったり、困った事態になったら、次にどんな行動をするか考える必要性を、親が子どもに教えていかないといけません。これは子どもの「自立」への一歩です。

「寒いと言えば、上着が出される」「疲れたと言えば、お菓子が出てきたり、休みを提案される」……。親が無自覚のままに「召使い」のようにやり続けていると、小学校高学年になっても、子どもは、自分の希望を言えば「親がどうにかしてくれる」と学んでしまうのは当然です。


「私は召使いママなんかじゃない」と思っていたけれど、こんな状態になっている……とハッとした方がいるかもしれません。

会社で仕事ができる人ほど、相手の意向を汲んでしまったり、まわりの人が不愉快にならないように手を出すことに慣れています。特にワーキングマザーで、子どもを育てながら時間をやりくりして働いている、周辺に気を配って頑張っている方ほど多く陥りやすい落とし穴だと感じます（私も長男が2、3歳の頃、陥りかけていました）。

しかし、子育てでは、その**仕事で培った俯瞰力を活かして、「召使いママ」になるのではなく、**空の上から子どもを見るように、「親の手」をそっと引っ込めて、見守っていくことが大事です。

「召使いママ」にならないためにも、幼児期こそグッと我慢して「喉渇いたから何？どうしてほしいか言ってごらん」と言って、「水を取ってほしい」まで導く。これが子どもの「自立」につながります。

例えば、飲食店で子どもが水をこぼしたら、親が拭いてやるのではなく、「店員さんに『こぼしてしまったので、雑巾を貸してください』と言いに行きなさい」と自分でやらせます。食事時に「フォークじゃなくて、箸がいい！」と言ったら、「箸がいいならお箸をくださいと言ってごらん」と「何をどうしてほしいのか、ちゃんと言わないと、誰も何もしてくれないよ」と伝え続けることが大事なのです。

発達心理学で有名なピアジェの発達理論によると、2〜7歳の子ども（前操作期）は、まだ自己中心的な思考・行動パターンが顕著です。この時期こそ「召使い」の親子関係を築きやすいので、注意していきたいですね。

子どもにかける手は少しずつ離す

子どもの「自立」を促すことは、**「1人の人格」として認めること**です。子どもは、発達過程において、環境や状況に合わせて成長していきます。成長過程でやってくる「自立」のタイミングで、適切に親が子どもから手を離せば、親もうまく子離れできます。

親も「1人の人間」として自分のキャリアを考えるときに、「子どもにかける手がいつ健全に離れるか？（突き放しや孤立感を生むのではなく、どう自分で羽ばたいて巣立ってくれるか）」という子離れタイミングは、親側のキャリアとしても重要な問題です。

ワーキングマザーとして働いていると、母と子、妻と夫、会社と会社員など、いろんな役割を担います。この**複数の役割は、子育ての目線を、「スポットライト」から「ヘリコプタービュー」まで、いろいろな角度に動かしてくれます**。「子どもに向ける視点」を分散させてくれるので、子育てにおけるメリットは大きいと考えています。さまざまな角度の目線を持てば、「あれ？　今、『召使い』になってた？　手を出しすぎていた？」と引いていけるはずです。

子どもの健全な「自立」を促す親となり、十数年後、うまく子離れ、親離れして、**家族でお互いの人生を応援し合えるようになる**のが理想的ですよね。

だからこそ、幼児期から「召使い」ママやパパでいたのに、急に「もう小学生なんだから自分でやりなさいよ」と突き放すのは無理が生じます。成長過程に合わせて「召使い」にならないような「行動」をしていきたいですね。それは今日からでも十分できます。

今日から子どもが「喉渇いたー」と言ったら、「誰に何をしてほしいのか」までを問いかける言葉を意識的に使ってみてください。こんな些細《ささい》な繰り返しが、親自身を「召使い化」させない、「自立」のスタートです。「お母さんの人生、忙しいから、最後まで言ってくれないとわからないわ」くらいでちょうどいいのです。

わが家の「子育ての指針」を具体的に決めよう

わが子の将来のためにできることは何？

世間的に優秀と言われる学校を出て、大企業に就職したところで、生涯安泰ではないのは、私たちの世代（20～40代）はもうわかっています。子どもの将来も心配ですが、むしろ自分たちが定年まで働き続けられるのかも不安な世代です。職業人生は、大卒後22、23歳から65歳まで続くとしても40年超えです。そんな長い間「何をして食べていくのか」。これは重要な問題です。

倒産した国内企業の「平均寿命」は23・9年（2018年：東京商工リサーチの調

査）というデータが象徴するように、最近では、企業の寿命のほうが私たちの職業人生より短いことが判明しています。

こんな自分の未来すら不確定な中で子どもを育てていると、いったい子どもたちに何を用意してやればいいのか、迷ってしまいます。もちろん、「用意」とは「早期教育をする」とか、「（学業的）レールを引く」といった意味ではありません。

これからの時代の教育は「認知能力（読み書きそろばん）」はもう終わって（ＡＩに取って代わられる）、**人間にしかできないような「非認知能力（思考力、論理力、構成力など）」が求められている**とされています。

でも、「それをどうやって身につけるの？」と思いませんか？

実際、学校教育はまだまだ「読み書きそろばん」が問われる部分が多いですし、実際の学歴としての「試験」は変わりつつはありますが、「認知能力」がメインです（認知能力以外を測るのは、指導側、評価側のコストもかかるため、まだまだ追いついていない現状が示唆されます）。

そのため、「非認知能力」が重要になってくるとわかっていても、親は何をしていいのかわからない。とりあえず、子どもに将来役に立ちそうな、英語やらプログラミングやら、休日に博物館巡りやら事前申し込みの農村探検！　なにか良さそうなものを取り入れたり行ってみたり……。

もちろん、時代のニーズも大事です。それ以上に大事なのは、**「わが子」がどんな大人になるかを見据えた環境を用意してやるのがいいか？**を考えることです。

子育て指針に「宇宙飛行士選抜基準」がおすすめの理由

私のおすすめは、時代は変化していくので、不変的なわが家の「子育て指針」を持つことです。

「指針」として、「わが家はこんな子育て！」を決めておくと、圧倒的な情報量に振り回されなくなります。

ちなみに私のおすすめは、**「宇宙飛行士選抜基準」**を子育て指針にすることです。

宇宙飛行士選抜試験ではどんな能力が求められているかご存じですか？

ＮＡＳＡの宇宙飛行士は、世界中から応募があります。そのため、日本人宇宙飛行士は、JAXA（宇宙航空研究開発機構）が選考していますが、選考基準は「世界基準」に合致しています。

ちなみに963人の応募者の中からJAXA宇宙飛行士候補者3人が選ばれた、平成20年度の募集要項は次ページの図のとおりです。

求められているのは、**基礎的学力に裏付けられた、「コミュニケーション」「チームワーク」「リーダーシップ・フォロワーシップ（補佐力）」**など、一般の会社員でも必要な能力です。加えて、異文化背景を持った乗組員たちと協力しながら業務遂行していくため、多様性を受け入れる視野の広さも求められています。

わが家では、この宇宙飛行士選抜基準を「子育ての指針」に置いています。

といっても、難しく考える必要はありません。例えば、わが家では「夫の得意を子育てにつなげる」を意識して行なっています。理由としては、わが家はどうしても平日が私一人のワンオペ育児になりがちのため、休日は夫メインで子育てにかかわってほしいと考えているからです。そのため、夫の得意なことを見つけて、「子どもたちの興味関心」とつなぎます。そんなときに、宇宙飛行士募集基準を見てみると、「大

子育て指針におすすめ！「宇宙飛行士選抜基準」

国際宇宙ステーション搭乗宇宙飛行士候補者 募集要項

平成20年4月1日

独立行政法人 宇宙航空研究開発機構

(1) 日本国籍を有すること。

(2) 大学（自然科学系※）卒業以上であること。
※）理学部、工学部、医学部、歯学部、薬学部、農学部等

(3) 自然科学系分野における研究、設計、開発、製造、運用等に 3 年以上の実務経験（平成20年6月20日現在）を有すること。
（なお、修士号取得者は1年、博士号取得者は3年の実務経験とみなします。）

(4) 宇宙飛行士としての訓練活動、幅広い分野の宇宙飛行活動等に円滑かつ柔軟に対応できる能力（科学知識、技術等）を有すること。

(5) 訓練時に必要な泳力（水着及び着衣で 75m：25m x 3 回を泳げること。また、10分間立ち泳ぎが可能であること。）を有すること。

(6) 国際的な宇宙飛行士チームの一員として訓練を行い、円滑な意思の疎通が図れる英語能力を有すること。

(7) 宇宙飛行士としての訓練活動、長期宇宙滞在等に適応することのできる以下の項目を含む医学的、心理学的特性を有すること。
①医学的特性　略
②心理学的特性
協調性、適応性、情緒安定性、意志力等国際的なチームの一員として長期間の宇宙飛行士業務に従事できる心理学的特性を有すること。

(8) 日本人の宇宙飛行士としてふさわしい教養等（美しい日本語、日本文化や国際社会・異文化等への造詣、自己の経験を活き活きと伝える豊かな表現力、人文科学分野の教養等）を有すること。

(9) 10 年以上宇宙航空研究開発機構に勤務が可能であり、かつ、長期間にわたり海外での勤務が可能であること。

(10) 米国勤務当初に必要な国際免許の取得のため、日本の普通自動車免許を採用時までに取得可能なこと。

(11) 所属機関（又は、それに代わる機関）の推薦が得られること。

《出典》（独）宇宙航空研究開発機構「平成20年度 国際宇宙ステーション搭乗 宇宙飛行士候補者募集要項」を基に作成。

学（自然科学系理学部：工学部、医学部、歯学部、薬学部、農学部等）卒業以上である」とあります。

夫は天体観察や図鑑を見たりするのが好きな上に、手先が器用なタイプです。そこで、夫が得意な「昆虫」観察（「虫育児」と呼んでいます）のために山や川に行ったり、雨の日は「ダンボール工作」をしてもらったりしています。

募集基準の「大学専攻」を選ぶほど大げさな項目ではありません。簡単でいいのです。指針を見て考えれば、夫の得意分野とつながるヒントになるし、子どもの自然科学への種蒔きになり、知的好奇心育成にもつながります。

他にも、習い事選定でも使えます。人気のある習い事として「水泳」があり、よく、「いつまで続けるのか？　目標設定は？」なんて親側のお悩みを聞いたりします。これも「水着及び着衣で75m：25m×3回を泳げる」と選考基準があるので、「別に水泳の選手にならなくてもいいけれど、このレベルまでは頑張ってみよう」と子育て指針に活用できます。

求められている資質としても、「協調性、適応性、情緒安定性、意志力等」と明記されているので、集団においても、リーダーにもフォロワーにもなれるか？　目的を持って場に応じて感情をコントロールできるか？　やりたいと決めたことを貫く意志があるのか？　など、**親側の子どもへのかかわりにおいての「観点」「伸ばしたい点」が理解しやすく**なります。

保育園に行っていると、日本の行事や四季を楽しむイベントがあります。これは、共働きの親にとって本当にありがたいイベントです。なぜなら、ついつい多忙にかまけて、流れていってしまう行事も「日本人の宇宙飛行士としてふさわしい教養等」の根幹になるからです。帰宅したら、保育園で行なった季節の行事「七草粥」「豆まき」「笹の葉」などを、「どんな行事なの？」「誰が出てくるの？」と聞いてやりながら夕ご飯を食べるだけでも、子育てに彩りが生まれます。

「わが家の子育ての指針」を持つメリット

このように「子育ての指針」を持つと、**流されやすい毎日で「こうやって子どもを育てたい」という方向性**が見えます。

それによって強制的に視座が上がり、目の前にあふれる育児情報に惑わされなくな

ワーママはるのライフシフト習慣術

読者の方に無料
特別プレゼント

賢くしたたかに楽しく生きるコツ

（音声ファイル）

著者・ワーママはるさんより

本書の基本テーマ「賢くしたたかに楽しく生きるコツ」について、著者のワーママはるさんが解説した特別音声ファイルを読者の皆さんに無料プレゼントとしてご用意いたしました。はるさんによる録り下ろし未公開音声です。ぜひダウンロードして、本書と併せてご活用ください。

特別プレゼントはこちらから無料ダウンロードできます↓

http://frstp.jp/haru

※特別プレゼントはWeb上で公開するものであり、小冊子・DVDなどをお送りするものではありません。
※上記無料プレゼントのご提供は予告なく終了となる場合がございます。あらかじめご了承ください。

ります。

また、夫婦で「この方針でいいのかな？」とブレそうになるときのものさしにもなります。わが家は宇宙飛行士募集基準にしました。皆さんもよかったらご自分の「子育て基準」を決めてみてください。

20歳を過ぎてもできることは幼児に教えない──「ながら知育」と「差異化」のススメ

知育商法に振り回されないで！

知育ブームで、ネットを開けば、あれやこれやと「子どもの教育に良いもの」を勧められます。少子化のために子どもにかける金額が、親だけでなく祖父母からも入ってくるため、ただでさえ気になる「子どもの教育領域」で「あれやれ、これ買え」と言わんばかりにマーケティング戦法が盛んに繰り広げられています。また、SNSが盛んなおかげで、知育に興味がある人たちの発信も年々増えているように感じます。

共働き家庭で、毎日、時間がない中で、そんな広告を見たり、SNSを見たりすると、「うちの子は大丈夫か？」と焦《あせ》りを感じた方は少なくないのではないでしょうか（私もかつて感じていた一人です）。

そんなときに「うちは共働きでゆったりした時間がないからな……」なんて不要な罪悪感を持ちそうですが、気にする必要はありません。

私たち共働き家庭は、**仕事で培った臨機応変力を使って「日常生活に知育要素」を取り入れる**ことができるからです。

私は、次男の育休中、知的好奇心全開になった長男（当時4歳）を観察し、「子どもは、驚くほど学びたい、知りたい欲求が強い。これは知育などという大げさなものではなく、一緒に何かを学ぶのが楽しいのだ！」と気がつきました。

でも、フルタイムワーキングマザーで次男もいるため、幼児教室に行かせることではなく、**基本は生活に溶け込んだ知育**をやり始めたのです。

今回は、忙しくてもできる「2つの方法」をご紹介します。

多忙な共働き家族こそ、生活に溶け込む知育方針を持つ

①ながら知育

ながら知育とは**「○○しながら知育する」**、もしくは**「やっていることの意味を置き換えて知育する」**ことを指します。

例えば、子どもに「電車ごっこしよう」と言われても、平日の帰宅後に、電車を動かすだけの遊びに、30分も1時間も付き合うのは、正直忙しいワーキングマザーには大変です。

そこで、遊びの時間を知育の時間に置き換えてみます。電車の行く先に都道府県パズルを置いて、一緒に到着した県名や県庁所在地を復唱すると、子どもはおもしろいように都道府県名を覚えたりします。子どもから見たら「電車を使った遊び」ですが、親から見たら「知育」の時間。これが「ながら知育」です。

多忙な共働き家庭には、時間が全然ありません。保育園から帰宅後には2時間しか

ないなんて家庭も多くあります。この観点で考えると、複雑な知育玩具なんて買えません。習い事も数多くは通えません。**親がずっと付き添っていないと子どもができないものは、**正直言って難しいのです。

だからこそ、「ながら知育」がおすすめです。日常生活にいかに「知育要素」が溶け込むポイントをつくるか。他にもお風呂場にポスターを貼ったり、計量カップを子どもコップにしたりと、考え方次第では何でも「ながら知育」にできます。また、「ながら」であるがゆえ、習慣化しやすいというメリットもあります。

ダイエットと一緒で、ジムに週2回行くより、毎日歯磨きしながらスクワットしたほうが継続できる上に、効果は出やすいのです。

②差異化を意識した知育

何でもやるのではなく「差異ポイント」に注目して行ないます。

知育と言うと、2、3歳の子にひらがなを読むよう働きかけたり、10や100までの四則計算をさせている方がいます。これは、私としては必要のない早期教育だと思っています。現在の日本において、20歳になっても「ひらがなが読めない」「基本的な足し算、引き算ができない」人はいません。**年齢が上がれば、必ず皆が習得できるものを、数年早く学習させたところ**で、「知育」にも「差異化」にも全くなっていません。

知育の本来の意味は「徳育・体育に対して、知識の習得によって知能を高めることを目的とする教育」とされています。これは、瞬間的な項目ではありません。つまり、**20歳になってもできない人がいるような項目こそ、幼児期に行なう価値がある**し、「差異化、差別化」ポイントになります。

例えば20歳になっても、四十七都道府県の県庁所在地を含めてすべて言えない人はいます。しかし、この知識があれば、日本全国へ旅行に行っても楽しめますし、そこから「歴史を知る」「名産品を知る」など、関連した知識が広がっていきます。海外旅行に行くと、現地の方に「函館に行ったよ」「函館の五稜郭に行ったよ」と言われるときがあります。そんなときに知識の下地がないと会話は続きません。「函館と言えば、名産品がイカですね。6月解禁のスルメイカ漁の明かり『漁火』は見ましたか?」なんていう会話の始まりは、「函館　↓　北海道」など、知識がつながらないと、できません。それは、都道府県を知ることから始まります。機関車トーマスで遊ぶなら、北海道までトーマスを走らせようなど、日本地図の上を走らせてみたり、都道府県パズルを使ったりして、遊びの中に「差異化につながる知育要素」を足してみてください。

子どもの「『知る』が楽しい」の土台づくり

日常的にいろんなことにアンテナを立てれば、子どもたちの成長過程で無駄になることはありません。**子どもの「『知る』が楽しい」の土台づくりへのかかわりが、本当の知育**だと私は考えています。

共働きで時間がない人ほど、「ながら知育」にできるか、「差異化」できるかにポイントを絞って、時間や費用をかけるのがいいと私は考えています。

幼児教育、英語教育がブームで、共働きだと「金銭的余裕のある幼少期」に、お金と時間をかけすぎてしまう人が多いですが、なんでもかんでもは要注意です。実際、親としての教育的な金銭的負荷が大きいのは、もっと成長してからです（中学受験、高校受験、大学受験などの節目）。それまでは、子どもの「学びたい」「学ぶ過程が楽しい」と感じる土台づくりに力を使ったほうがいい。いざ、教育資金の出番になったときに「本人の学びたい」という意欲がないと、使う場面すら来ないかもしれません。

注意点としては、「馬を水飲み場に連れて行くことはできても、水を飲ませることはできない」ことを忘れないことです。絵本を毎日10冊読みたい、この知育玩具で遊びたい……。こちらから働きかけても、子どもは興味がないと食いついてきません。「親がやりたい」になっていないか？　と考えて、子どもが「興味を持つ」まで置いておく（私はこれを「発酵させる」と表現しています）余裕も、土台づくりには大事です。

「18歳になったら子どもを社会に還す」発想を持つ

子育ての全責任は、やっぱり親にあるの？

「この子をちゃんと大人になるまで育てていけるのか」と、産院の病室で夜中2時ごろ授乳しながら不安になったことを、ふと思い出します。

核家族化が進んでいるからでしょうか、子育てに対する「責任」が両親の肩にドーンと乗っている、重圧を感じるときがしばしばあります。子どもに何かあれば「親はどうしてるんだ」と言われる風潮が強まり、親側もパフォーマンス的に子どもを怒ってしまったり子どもに我慢をさせている瞬間があると感じたりします。

「孫は責任がないから、思いっきりかわいがれるわ」なんて、私の母が言ったりします。この「責任感」があるから親は子育てを頑張る。一方、親自身を、見えない重圧に縛りつけているような気がしてなりません。ちゃんとご飯を食べさせて、清潔な環境を用意して、人間として礼儀を身につけさせて、人としてまっとうに生きていけるように教育を施して……と考え始めると、気が遠くなりそうです。

一人の命を預かっているので、もちろん「優しい言葉ばかり」かけられるわけではありません。子どもが大人になったときに困らないように、社会のルールを考えて、必死に子育てしている人は多いのではないでしょうか？

そんなときに「子育ての全責任が両親にある」と思うと、満たさなければいけない項目が増えていく気がして、子育てがつらいものになります。

家庭の「心理的安全性」とは？

私は、**「子どもは社会からの預かりもので、18歳になったら社会に還す」**と思って、子どもを育てています。

預りものと考えれば、親の役割と行動のタイムリミットが見える。役目だと考えています。大事なのは、**子どもが安心して過ごせるように家庭内の「心理的安全性」**を高めること。Googleの調査で有名になりましたが、心理的安全性が高い＝チームメンバーに非難される不安がなく安心して自身の意見を伝えられるのは、組織でも家庭でも大事な環境設定です。

では、なぜ心理的安全性が高いといいのでしょうか？

人を疑う（これをやったら怒られるんじゃないかと不安に思う）のは、それだけで精神的なコストがかかります。上司から常に叱責される職場だと、そこに「いる」だけで人は落ち着かない。これは家庭でも一緒です。

子どもは大人と違って、家と保育園や学校しか場所がありません。今日はちょっとストレスが溜まったから、カフェで息抜きなんて、自主的にできないのです。学校でうまくいかなくても、家庭内に心理的安全性があれば、子どもたちは息をつけます。

親ができることなんて意外と少ないものです。できるのは環境設定くらいです。家庭は「子どもが息を抜ける、安心して何でも言える」環境にする。子どもと過ごす時間なんて、私たちの長い人生において十数年しかありません。

9歳以降の小学校高学年になると、幼児期を離れ、物事をある程度対象化して認識する時期がきます。親離れの第一段階です（参考：文科省「子どもの発達段階ごとの特徴と重視すべき課題」）。子どもも小学校高学年頃から、自分の世界を持つようになるので、実質は10年程度かもしれません。

親がわが子にできる1つのこと

行動遺伝学の研究から、子どもはすでに誕生した時点で、個人（知能や性格、才能）に影響する半分は「遺伝」であるとされています。残りの環境の中でも、非共有環境（家庭外の場所、学校など）から成り立っており、共有環境（家庭）の影響はほとんどないとも報告されています。

そのため、18歳で社会に還すなら、親ができることは、わが子が生まれ持った**遺伝の中で「興味関心があること」「得意なこと」を見つけるための選択肢を用意してやる、非共有環境を選ぶ際の応援をしてやる**（選択肢を見せてやる、通学支援や学費を用意する）、これくらいしかありません。

親ができるのは「環境設定」だけと考えていますが、この**環境設定にも旬**があります。

発達心理学者エリクソンの発達段階説によると、人間は8つの発達段階に分かれています。エリクソンは、人間の発達段階を8つに分け、各発達段階に「心理社会的危機」があり、それを乗り越えることで「力」を獲得できると言います。

私たちができるのはこの**発達段階に合わせた「危機」を乗り越えるべく、励ましていく**、これくらいです。

次ページの発達段階を見ていくと、まさに子どもの発達とリンクしているとわかります。「イヤイヤ期」も「自分が自分が」の時期も、正常な発達なのです。

共働きで忙しく日常で余裕がないと、ついつい大人の都合を優先してしまいがちですが、18歳まではこの発達段階に合わせて寄り添っていくと、親も心に余裕が持てるようになります。

親が子にできる「環境設定」の目安にしよう

人間の発達段階は８段階「エリクソンの発達段階説」

第１段階：乳児期 【年齢】０歳～２歳 【心理社会的危機】基本的信頼感 vs 不信感 【特徴】不安や不快を取り除き養育者への信頼感を積む時期	**第２段階：幼児前期** 【年齢】２歳～４歳 【心理社会的危機】自律性 vs 恥、疑惑 【特徴】さまざまなことができはじめて不安な時期「やりたいやってみるできる」を育てる時期
第３段階：幼児期後期 【年齢】４歳～５歳 【心理社会的危機】積極性 vs 罪悪感 【特徴】大人に怒られてもやってみたい、目的意識が育つ時期	**第４段階：児童期** 【年齢】５歳～12歳 【心理社会的危機】勤勉性 vs 劣等感 【特徴】集団の中で自分が劣っている部分がわかる。それを乗り越えて行動することでやればできるが身につく時期
第５段階：青年期 【年齢】13歳～19歳 【心理社会的危機】同一性 vs 同一性の拡散 【特徴】自分自身は何なのか、自信の存在を考える時期。いわゆる思春期。ここで自己の存在に気づくから自分を大事にできる	**第６段階：初期成人期** 【年齢】20歳～39歳 【心理社会的危機】親密性 vs 孤独 【特徴】信頼できる人たちを見つけ関係を深める時期（家族を持つなど）
第７段階：壮年期 【年齢】40歳～64歳 【心理社会的危機】生殖 vs 自己吸収 【特徴】次世代を支えていくものたちを育む時期（一般的には子育てや部下育成などを行なう時期）	**第８段階：成熟期** 【年齢】65歳～ 【心理社会的危機】自己統合 vs 絶望 【特徴】これまでの人生を振り返りながら自分を受け入れる時期

《出典》「エリクソンの発達段階説」を基に作成。

公園でわかる、親が持っておきたい視点

各発達段階での関わり方については、子育ての専門家の方々が多くの書籍やネット情報で配信されているので、ここでは「親」としてのスタンスについて考えてみます。

子育てにおいて「親」側の視点の持ち方には2種類あります。

「ヘリコプター型」と**「ブルドーザー型」**です。

ヘリコプター型とは、親としての子育ての**「視点、解析度」が高いタイプ**です。子どもに起きた問題を取り除かない、子どもの年齢に合わせて大人の介入度を下げていく。いったん子どもに考えさせる、親が子どもの気持ちを代弁しないタイプです。

一方、ブルドーザー型は、**「子どもの問題」を当事者目線で見てしまうタイプ**です。子どもの前に降ってきた問題を、子どもが解決しやすいものだけを選んで提示したり、そもそも問題を子どもの前に並べないようにしている親は、ブルドーザー型と言われます。

私は、実は公園があまり好きではありません。公園遊びは好きです。砂場もブラン

コも楽しい。実は、多くの子どもがいる公園が好きではないのです。理由は、見知らぬ子ども同士が遊び始めると、親たちがわらわらとまわりを囲んで、「何かあれば即対応」と子どもたちを見つめ手を出し始めるのを見るのが苦手だからです（ケガの危険性のある1歳児などは別です）。

なぜ苦手か？　ブルドーザー型の親が多すぎると感じるからです。

例えば、子ども同士でブランコに乗る順番で揉めたのであれば、私は子どもたちが話し合って解決したらいいと思っています。それを横から「順番ね」「この子が乗ったら代わるね」「じゃんけんしたら」「譲ってあげなさい」なんて保護者の声が聞こえてきます。

保護者からすると提案しているのかもしれませんが、私から見ると**「ブルドーザー」として子どもの前に降ってきた問題を除外しよう**としているようにしか見えません。

また、子どもたちが遊具の順番を巡って少しでも言い合いになったら、飛んで出てくる親もいます。初対面の子ども同士だから、当然、仕方ないと思われるかもしれませんが、殴り合いを始めたわけでもない。あくまで個人的な意見ですが、私は、初対面だからこそ「話し合いをさせる」「採めたのなら考えさせる」練習をしたほうがいいと考えています（親同士のパフォーマンスとして親が出て行っているケースもあります。まわりの親からの「揉めているのだから、即対処しないのか？」の視線が気になるからです）。年齢が上がるほど、そんな練習をする機会が減るからです。

将来、親子でお互いの人生を尊重し合える関係になるために

たまに、ヘリコプター型の顔をしたブルドーザー型の保護者もいます。

子どもの目の前に並べる選択肢も、「親が嫌いなもの、子どもができそうにないもの（と親が判断した）」を取り除いた3、4個の選択肢を並べて、その中から選ばせる。

これは「選択肢」を与えていますが、ヘリコプター型ではありません。そもそも、親の意にそぐわない、選択肢を除外してる時点で、ブルドーザー型になっています。

子どもたちが18歳で社会に出たら、そんな選別された「選択肢や問題」ばかりに出

会うわけではありません。答えのない問題、情報不足の選択肢、時間がない中判断しなくてはいけないなんてことも、よくある問題です。これまではスーパーの野菜売り場からモノを選んでいたのに、いきなり畑に放り出されて、「好きなモノを取って来い」と言われてもなかなか難しい。

些細な問題や答えがない問題も、子どもの前に並べてやって、子どもが自ら選ぶように小さな頃から訓練していかないと、大人になってから、泥まみれの野菜、食べられるかどうかわからない野菜を見ても、対処ができなくなってしまいます。

先の項目でもお伝えした「召使いママ」のように、親子で依存関係をつくらない、つくらせないのはもちろん、その上で、**「18歳には社会に還す」観点**で、子どもと自分を切り離して「お互いの人生」を尊重していきたい。そのためには「ヘリコプター型」として、子どもの悩む場面を取り除かないように心がけていきたいものです。

子どもが育ってからの人生のほうが、私たちには長いのですから。

子育ての「罪悪感」や「すべき」を捨てるコツ

見えない「世間の声」を気にしすぎない

「アンコンシャス・バイアス」という言葉を聞いたことはありますか？

「無意識の偏見」を意味する言葉です。

例えば、「高齢者は運転が危ない」「若い人は発想が柔軟」「左利きは賢い」「女の子はピンク、男の子はブルー」といった、私たちが普段意識していないにもかかわらず、なんとなく頭の片隅に残っている偏見を指します。

このアンコンシャス・バイアスは、「母親」特に「ワーキングマザー」に対しても、無意識の「すべき」こととして重荷になっていると感じます。ネット社会が発展するほど、これまでだったら見えない「世間の声」を感じることがあります。TVや雑誌、ネットニュース、SNSには、いろんな情報が飛び交っています。

「ベビーカーは邪魔」「ワーキングマザーの働き方はズルい」「キャリアも育児もなんて、欲張りすぎ」「保育園に早くから預けて働きたいなんて、母性がない」「仕事は時短なのに会社のイベントには来る（嫌味）」……などなど。

これらの声を、直接向けられた人は少ないでしょう（私も直接言われた経験はありません）。

しかし、この**言葉が層のように積み重なって、「アンコンシャス・バイアス」として私たち自身に蓄積している**ように思います。心の中で「こう」思われているのかもしれないと思うだけで、なんとなく仕事や育児に対して自信がなくなってしまったり、まわりに対して卑屈になってしまったりします。「人を不快にさせたくない」「もし文句を言われたら嫌だから、行動を控えめにしておこう」なんて、自己防衛が働いていたりします。

自分の中の「アンコンシャス・バイアス」に気づく

このアンコンシャス・バイアスや、子育てにおいての「これをしてはいけない」「〇〇しましょう」といった多くの情報から、変な罪悪感が生まれてきます。

私自身も、長男出産後、保育園のお迎えに行くたびに（延長保育で毎日19時にお迎えでした）「遅くなってごめん」「送迎が無理だから習い事ができないの、ごめんね」とつい口走っていました。

「働くことに対する罪悪感」というよりも、**「子育てに対する時間が十分確保できないための変な罪悪感」**を持っていました。

お母さんが働くことは「ごめんね」ではありません。残業して帰ってくる夫（お父さん）は、子どもに対して「ごめんね」なんか言いませんよね（笑）。

当時の私は、誰かに責められているわけでもないのに、必要以上に長男に対して申し訳なく思ったり、子持ちフルタイム勤務を肯定的に捉えられなかった時期がありました。

私は典型的に「母親とは、会社員とは、妻とは、こうあるべきだ、すべきだ」と、自分の「アンコンシャス・バイアス」で縛っていたと気づいたのです。

「罪悪感」や「すべき」を感じないようになる秘策——「分ける」

「罪悪感やすべき」を無意識に持っている。その存在に気づくためには、具体的な「行動」が効果的です。「分け方」は2つです。

①罪悪感の種類を分ける

親としての罪悪感には、**「感じる必要がない」「感じたら改善できる」**この2種類が存在します。これを分けてみると、対処がクリアになります。さっそく分けてみます。

罪悪感を抱く必要がない

・まわりがやっていて（いるように見えて）自分ができない（習い事や、お弁当づくり、送迎など）。

・自分の体調を害してまでやる（寝不足や疲れているのに週末のお出かけなど）。
・他人の力を借りる（シッターさんや一時保育を使うなど）。
・「やったほうがいい」とされることができない（毎日の絵本の読み聞かせなど）。

罪悪感を活かして行動に変える

・子どもとの約束を忘れた（夫にも覚えてもらったり、カレンダーに書く）。
・学校の提出物を何度も忘れる（リマインダーなどを使って仕組みをつくる）。
・家庭内で必要なものをすぐに準備できない（Amazonや、遅くまで開いている100均を把握するなど、リカバーできる方法を何種類か用意する）。

このように分けてみると、感じる必要のない罪悪感が見えてきます。親も人間であり、完璧ではありません。さらに、罪悪感からコントロールできるもの、できないものも見えてきます。

例えば、習い事の送迎など、勤務時間の都合上できないとします。まわりがやっていてできないことへの罪悪感を感じる項目です。コントロールできないなら、そもそも罪悪感を感じる必要はありません。それでも「負い目」を感じるなら、コントロールできるように行動を変えて（送迎をファミリーサポートに依頼するなど）対応します。分けていくと、現実的にできる具体的な行動が見えてきます。

②罪悪感の正体を反対から見る

罪悪感は、「正しい」と思う「反対の行動」をしたときに感じます。そこで、「正しい」の正体を見つけてみます。

例えば「喧嘩《けんか》」で考えてみます。家庭内の喧嘩は「夫婦喧嘩」「兄弟喧嘩」などの種類があります。「喧嘩＝悪い」と思っていると、「子どもの前では見せたくない」「兄弟は仲良くしてほしい」という思考になりがちです。

しかし、人と人がいれば、必ずコミュニケーションの齟齬《そご》は生まれます。特に、子育てなんていう大プロジェクトにかかわる夫婦なら、なおさらです。喧嘩を「子どもの前で見せるのは悪い」と考えて、「子どもの前だから」と、言いたいことも言わずに我慢していると、必ずボロが出ます。雰囲気でわかりますよね。

では、あらためて、喧嘩を子どもの前で見せるのは悪いことなのでしょうか？

喧嘩ではなく「価値観のすり合わせ」のために建設的な議論をする場と定義したら見方が変わってきます。子どもの前で話すなら、「お互いを罵《のの》り合う」「無視する」といったコミュニケーションスタイルは取れないでしょう。

喧嘩をすることに罪悪感を感じたなら、そこに隠れる「正しさ」の正体を見極めていくと、罪悪感を感じる要素が減ります。

ちなみに私は、夫婦喧嘩、いや「夫婦の議論」は、子どもに見せたほうがいいと考えています。価値観の違う大人同士が、問題のために意見を言い合い、解決策を探る。身近な大人、親にしか見せられないからです（家庭内ダイバーシティです）。

そうすることによって**「問題はこうやって解決していくんだな」**という学びになりますし、親側も感情的にならずに話をしようとします（子どもの前で怒鳴り合いなんてしたくないですよね）。子どもにも親にも、両者にメリットがあるのです。

兄弟喧嘩も同じです。喧嘩を窘《たしな》めるのではなく、「嫌と言う練習をしている」「アサーティブ・コミュニケーション」（相手も尊重した上で、誠実に、率直に、対等に、自分の要望や意見を相手に伝える）の練習と思えば、見方が異なってきます。

第4章

「お金」の習慣

――家族と自分のために経済的自立を目指す

家計の「把握とスリム化」は、夫婦の共有目線で決まる

「家庭の収支」を夫婦間で共有できている？

お金の管理は「生き方の管理」と言われていますが、皆さんの家計状況はいかがでしょうか？　「夫婦別会計」「夫婦一緒の会計」、はたまた「一定額を1つの財布に入れ、残金は個人管理している」なんて家庭もあったりします。

ちなみに、わが家は夫婦別会計です。家庭運営に必要な費用をお互いが出し合って、残り（貯蓄投資含めて）はそれぞれ個人財布で管理しています。もちろん、家族なのでお互いの貯蓄額を全く知らないわけではなく、どのぐらい貯蓄や投資をしているか

は、お互いが把握をしています。

お金は、自分の時間を使って稼いできた大事な資産です。**使い方に価値観が現れます**。収入と支出をどう管理するか。このすり合わせが結婚生活の第一関門でしょう。

お金の使い方は、「家族という名の共同プロジェクト」を回していくときに、**必ず夫婦で方向性を合わせておく**必要がある大事な項目です。特に子どもができてからは、育児のためにお互いのキャリアに少しブレーキをかけて、アクセルを緩める時期があったりします。すると、収入に増減が生まれるので、方向性を決めておかないといけません。夫婦でよく話さないままライフイベントを迎えてしまうと、

「育休中のため育児休業給付金のみで収入額が減少しているが、夫婦別会計のため、なんとなく育休前と同じ金額を払い続けている」

「夫婦の家計は一緒だが、子育てで時短勤務になり収入が減ったら、夫から『収入が少ないんだから、家事育児をもっとやって』と言われて、モヤモヤしている」

と言う方もいます。

夫婦間で「家族のお金の方向性」を決めていないと、別会計の夫婦はそのままお金の使い方も個人の価値観になっているし、同一会計の夫婦も、「お金が出せないなら

別でカバーしろ」と、パートナーの考えに合わせる形になる懸念もあります。

家事育児を金銭換算すると、内閣府の調査では、140時間の家事月給相当額は、「20万3000円」(=1450円×140時間)と出てます。「稼いでいるほうが理論」を訴えてくる夫には、これを伝えてもいいかもしれませんが……。それより、家族としてお金の方向性を決めるほうが優先です。

「家庭の収支」共有と注意点

まずは、**「共働きをやめない」**ことを前提にしてください。

どちらかが一時的に離職する場合も、長期で見たときに、必ず働くことをやめてはいけません。

その理由は皆さんもご存じのとおりです。

◉終身雇用制度は崩壊している。
◉転職する可能性がある。

◉思わぬ出来事で、どちらかが働けなくなる事態（育児、介護、リストラなど）に遭遇したとしても、夫婦共働きであれば、当面の生活は維持できる。

何より**「収入経路も、労働力も家庭に2人いる」**のは、「家族という名の共同プロジェクト」運営では、大きなリスクヘッジです。

もっと言えば、夫婦でチャレンジをするときに、共働きは大きな後押しになります。

例えば、「資格取得や学び直しで大学院へ行きたい」となり、大きな支出を伴ったりチャレンジのための収入減少が起きても、共働きならどちらかがカバーし合って、「今回はあなたの番、じゃあ5年後は私の番ね」など、家族の中で助け合いが可能になります。

「お金の使い方」の方向性を決める2つのポイント

夫婦共働きを前提とした家計において、方向性を合わせるために重要な観点は、大きく2つあります。**「家計のミニマム化」**と**「支出の罠を避ける」**です。

家計のミニマム化——「お金の使い方」の方向性を合わせるポイント①

①固定費の把握と最低金額の設定

これは、「固定費を減らして、家計の損益分岐点を低くする」ことを意味します。

生きているだけで毎月出て行くお金があります。この金額を「固定費」と言います。住居費、食費、光熱費、教育費、携帯電話代、被服費、雑費……が挙げられます。

皆さんの家庭では、固定費が毎月いくらかかっているか把握していますか？　夫婦で同一会計ならともかく、夫婦別会計で自分の負担分しか出してない家庭ほど、把握されていないこともあると思います。

お金の流れとして、収入が支出（固定費）より多ければ、お金は家計に残っていきます。しかし、この支出（固定費）が大きいほど、収入に対して出ていくお金の割合が大きいので、お金は残りません。

この固定費をいかに減らすかによって、収入が減ってもその生活を持続できる最低金額（最低生存月額：経済評論家・上念司さんが命名）**を低くしておく**ことが、家計のミニマム化につながります。

例えば、夫婦で毎月50万円稼いでいたとします。このうち生きているだけで必要な固定費が30万円、月々変動して使うお金が10万円の家計なら、50万円－（30万円＋10万円）＝毎月10万円ずつ家計に残っていきます。しかし、もし固定費40万円であれば、50万－（40万＋10万）で、家計に残るお金はゼロです。同じような収入の家庭でも、支出（特に支出の中で大きな割合の固定費）によって、家庭に残るお金は異なります。

さらに、今回のコロナウイルス感染症のように想定外の出来事で、夫婦で月給が10万円ほど減ったら、固定費が40万円かかっている家庭は、40万円－（40万円＋10万円）＝マイナス10万円となり、家計は破綻《はたん》してしまいます。リスクヘッジ不足です。

他にも、夫婦どちらかが転職をする、起業するなど、チャレンジをしたい場面でも、「最低生存月額が40万円もかかる」「そのために、給与を下げられない」といった条件があると、キャリア形成にリスクを取った選択肢を選べなくなります。つまり、チャレンジの足かせになってしまうのです。

まずは、固定費をいかにミニマムにしておくことが、これからの時代の家族運営にあたって「リスクヘッジ」にも「チャレンジの後押し」にもつながるのです。

②固定費関連の価値観のすり合わせと合意

「支出を減らす。固定費を減らす。よしやろう！　簡単でしょう？」と思われるかもしれません。ただ、ここに、もともとは他人である、夫婦それぞれの価値観が出ることを忘れてはいけません。

「固定費を下げる」と言っても、家の購入や保険加入、車の購入といった大きなお金から、毎日使う携帯代などが含まれます。人の価値観が顕著に現れるのです。極端な例として、夫側は「住居費なんて低いほうがいい、賃貸か中古物件に住めれば十分。それより、家族旅行に何度も行きたい」と思っていても、妻側は「車もいらない、旅行も行かなくていい。その代わり、家だけは新築！」と思っているかもしれないのです。

結婚前、家族が増えるとき、どちらかがキャリアを転換したときなどの節目で、**「わが家はどんな支出を大事にする？　そのために、どの固定費は下げてもいい？　優先度は？」**と、夫婦で家族の方向性を話しておきましょう。

妻「育児のために時短勤務を選択する予定、そのため収入は一時的に減る。しかし3年後にはフルタイムに戻りたい。そこからは収入も増えるけれど、学びたい資格があるから支出も増やしたい」

夫「3年後だと、フルタイムに戻って時間がないから、逆に難しいのでは？　時短勤務中の今からやってみては？　支出は今増えるけど、そのほうが家族としてはいいのでは？」

このように、短期的に「どっちが稼いでいる、稼いでいない」とかを話すのではなく、ライフイベントごとに、収入や支出、キャリアも長期で合意しておくと、建設的に家族の「お金の使い方」の方向性が決めやすくなります。

「支出の罠」を避ける――「お金の使い方」の方向性を合わせるポイント②

①人の価値観で変わる「浪費」を判別する

固定費を下げる重要性は、なんとなく理解できた、でもどうやって、どの固定費を下げたらいいのでしょうか。

一般的によく言われるのが「携帯電話は格安ＳＩＭにしろ、生命保険や医療費は見直せ、車は買うな、新築の家は買うな」といった話です。なぜこれらが一番に勧められるかというと、携帯電話（機種代含む）、保険、車、新築の家はローンで買う方が多い。つまり、持っているだけで、毎月の支払いが発生する＝固定費を圧迫するからです。

私は、「どれこれを買うな」ではなく、そもそも「なぜこれらが欲しくなるのか」を検証する必要があると考えています。

お金の使い方は**「投資、消費、浪費」**の３つに分類されます。手元の現金で、投資信託を買ったなら投資、大根を買ったなら消費、〇〇を買ったら浪費です。

「あれ？　〇〇って？」

実は、浪費は人の価値観で異なります。ここをよく人は見誤ってモノを買ってしまうのです。投資、消費、浪費の分類を見誤ってしまう。これが、支出の罠です。

例えば、夫が高級腕時計を買いたいと言ったとします。「なんで欲しいの？」と妻が聞くと、「高級腕時計は１００万円、30年使うから毎年３・３万円、月に直すと３

000円以下で、仕事のモチベーションが上がるなら、いい投資だろ」と言われたとします。

皆さんだったら、どう思いますか？

確かに夫は仕事は頑張っているし、月3000円以下で買えるなら……、投資として購入してもいいかなと思うでしょうか。

実はこの考えを、家や車に応用して、新築の住宅や高い新車を買っている方を多くお見受けします。

ちなみに、この夫の考えによると、高級腕時計はただの消費です。100万円の時計を30年間使った「消費活動」にしか過ぎません。時計を3年で飽きたと言って使わなくなってしまえば、浪費です。投資としてカウントする場合は、この腕時計が100万以上の価値をもたらさなければいけません。例えば、5年後にプレミア価格になって150万円で売れた。その時計をつけていることで、現在の年収を上回るような仕事に就けた（時計ファンの事業家に見そめられて転職したなど……笑）。時計によって時計購入以上の価値がもたらされたのであれば、それは投資になります。

そもそも、この夫は高級腕時計が本当に欲しいのでしょうか？

優先度が高い支出でしょうか?

日本に住んでいると、購買マーケティングが発達しているので、TVもメディアも消費を煽《あお》るものにあふれています。「なぜ欲しいのか?」を突き詰めて考えてみましょう。

②他人軸ではなく、自分軸で考える

投資、消費、浪費の分類を見誤ってしまうのは、その裏にある自分の価値観と感情が関係しています。

「あとになって買わなきゃよかった」と思う人や、「収入以上のものをつい買ってしまう」人は、自分の欲しい物や大事にしたい価値観が不明確です。他人が褒めているもの、皆が使っている物が欲しくなります。支出の罠です。

他人軸で使うお金(見栄やステータス)や、自分の感情コントロールに使うお金(ストレス発散や自己承認)が増えていくと、いつまでたっても固定費は下がりません。

しかし、固定費の中で大きな割合を占める「住居、生命保険、車、携帯電話、通信費」などは、必ず夫婦で「支出の罠」にハマっていないか、お互いが確認することが大事です。

固定費を月30万円にしたいご家庭なら、その枠の中で、住居費、車、携帯電話など、**「価値観優先順位をつけるクセ付け」**を話し合ってみてください。

ワーキングマザー的資産運用

リスク・リターンを決める

これからの時代は、どんな人でも1カ所で継続して働き続けられるかどうかはわかりません。だから、資産形成（投資、資産運用、お金に働いてもらう仕組みをつくっておく）は大事です。

お金を増やすにも、経験を増やすにも、「リスク・リターン」を知っておく必要があります。

リターンとは「その行動を取ることで得られる成果」になります。リスクは、一般的には「危険」として使われますが、資産運用など投資の場面では、「リターンの不確実性の度合い」を意味します。簡単に言うと、リスク大とは、「大きく収益が得られるかもしれないし、大きく損失が出るかもしれない」ということです。逆は、「損失は少ないが、リスクも少ない」となります。

基本的に、リスクとリターンは比例します。**「リスクが大きいものほど、リターンが大きい」「リスクが小さいものほど、リターンが小さい」**です。

ちなみに、このリスクとリターンは、**「コントロールできるもの」**と**「コントロールできないもの」**があります。

例えば、私は不動産賃貸業もしていますが、不動産賃貸業はミドルリスク・ミドルリターンと言われています。なぜかと言うと、コントロールできるリスクがあるからです。

例えば、入居者さんが孤独死するリスクはコントロールできないリスクです（人間の死期はコントロールできません）。しかし、「孤独死しそうな年代の人を入居させない」とすれば、リスクコントロールが可能になります（大学生専用のアパートにするなど）。入居者に夜逃げされて、家賃がもらえないリスクもありますが、そもそも賃料が高い物件しか扱わず、法人貸しにするなどしてコントロールができます。

「商品は何がいいですか？　どれを買ったらいいですか？」と聞かれますが、私たちが学ばなければいけないのは、商品がどれかではなく「なぜ、その商品を選ぶのか？」という考え方です。


ちなみにこの考え方は、「時間を使うときも同じ」です。「この時間を使うと、何かができない」リスクがあります。それでも使うなら、「リターンは何があるのか？」の考えを持っておくと、リスク・リターンを考えた時間の使い方ができます。

あなたが持つ手札は何？
自分に合った投資法を探す

では、資産運用を含めた投資をしていくにあたり、まず何をすればいいのか？

それは、**「自分の持っている手札を探す」「リスク・リターンを把握する」**です。共働き家庭で忙しいワーキングマザーが資産運用をするのなら、まずは「味方になる手札」を探しましょう。

◉味方になる手札

・共働きであるがゆえに、一定金額を投資する原資がある。
・すぐに必要となるお金ではない（長期運用が可能、10年〜）。
・会社勤めの場合は社会的信用がある（銀行からお金を借りられる、クレジットカードがつくれるなど）。

◉味方にならない手札

・日中は仕事があるので、細かい情報チェックや日々のメンテナンスが必要なものは難しい。
・情報取得時間や精査する時間がない。
・本業があるので、手間のかかることはできない。

この手札から考えると、基本的に長期期間、かつ情報収集や日々の相場動向に躍起にならない種類の投資が向いていることがわかります（資産運用を趣味でやっている場合は別）。株価の動向を日中からチェックして売買するような短期売買や、FX（外国為替取引）などは向いていません。

私も資産運用をしようと思った際に、手持ちの手札から考えて、インデックスファンド型の投資信託積立購入と不動産賃貸業に絞りました。

私がやっているお金の増やし方は、ドルコスト平均法（毎月同じ金額を買い続ける手法）で、経済の流れと連動する商品を購入するシンプルなやり方です。個別株なども購入していましたが、日々の経済動向に細かくアンテナを立て、商品の組み換えを考えたりする余裕がなかったので、結局はすべて手放して、現在はシンプルな投資法に統一しています。

時間を味方につける投資法

一例ですが、私は10年ほど前からノーロード（買付手数料のかからない）「インデックスファンド」で、毎月2万5000円、積立購入をしています。トータルで320万円ほど積み上がり、現在は利益が出ていて500万円ほどになっています（20

21年1月現在)。含み益180万円です。リーマンショック後から積立を開始して、コロナショックも経験した数字です。

細かく個別管理して株や債券など売買したほうが利益は大きいかもしれませんが、ワーキングマザーには向いていない手法だと考えています。私が向いていると思うのは、**「インデックスファンド」×「積立」×「長期」**です。

巷にあふれる情報に惑わされるのではなく、自分の持っている手札を見比べながら資産運用に取り組むのがいいでしょう。

お金を増やしたいなら目的を決める

「目的」について考えてみます。誰かの基準や価値観で資産運用やお金の使い道を決めるのではなく、

「このお金は、今投資する価値があるのか」
「リスクとリターンは許容範囲か」
「自分の持つ手札としては最適か」

と自分に問いかけてみてください。

目的の決め方は、自分の**「やるべき」「やりたい」**で分けて、想定される金額を出して決めていきます。

・**老後の費用**……65歳までに2500万円（やるべき）
・**子どもの学費**……18年後に1000万円（やるべき）
・**住居のリフォーム費用**……15年後に500万円（やるべき）
・**家族で海外旅行に3年おきに行く費用**……50万円×5回（子どもが3歳〜）（やりたい）
・**夫婦で憧れている車を買う**……10年後300万円（やりたい）

具体的に決めていくと、漠然と必要と思っているお金が「つくっておくべき」お金なのか、「余裕があれば使いたい」お金なのかが見えてきます。

目的を考えて、投資法を選ぶ

そこから、まずは「つくるべき」お金を

・いつまでに「いくら」を用意するのか？
・「持っている手札」のうち、どれを使うか？

と考えていきます。

例えば、15年後にリフォーム費用が500万円必要とします。積立預金をしていくなら、毎月2万7757円（金利0・01％）の積立で達成します。比較的リスクの低いインデックスファンドの投資信託を積立購入するなら毎月2万2029円（金利3％）です。預金するより、運用のほうが103万円ほど増えますが、増えない可能性もあります。もっとリターンを狙いたい場合、例えば毎月1万5000円の積立で500万円にしたいと思った場合は、利回り7・5％の商品を探す必要があります。他にも、今「持っている手札」として、手元に300万円あり、これを15年後に500万円にしたいと思えば、個別株などの購入も検討に入ってきます（これも減ってしまう可能性もあります）。

目的別に「いつまでにいくらが必要か」と考えてみると、期間と必要な金額から、リスクとリターンを出して、得たい「利回り」が考えられます。

また、先ほどのリフォーム費用などの絶対に必要なお金は、リスクをあまり取れません。「貯めておくべき」お金は、リスクを取って（株など）運用すると、リターンとして返ってこない可能性もあるので、考えながら目的達成の手段を選んでいく必要があります。

しかし、「怖いから」と言って預金だけしていても、絶対にお金は増えません。目的別に「やりたい」に関してのお金は、リスクを少し取ってみて、証券口座で運用するなどをしていくと、少しずつ経験が積み重なってきて、自分なりの投資手法が定まってきます。

お金は貯めるより使うほうが難しい。資産運用も経験とセンスです。使い方（運用含む）を磨く練習として、「目的」から分解してチャレンジしていきましょう。

収入5%の自己投資が、稼ぐ力をつける

「お金の不安」が厄介な理由

老後に備えて貯金をしていますか？　老後はもちろん、教育費のためにと、目標金額を設定して貯めているでしょうか？　子どもを持つ親になると、急に現実的に必要なお金が見えてきます。

老後費用で考えてみても、65歳から90歳まで最低限の生活をすると仮定すると、毎月約22万円必要となります（公益財団法人生命保険文化センターデータより）。会社員であれば、公的年金があります。会社員や公務員の場合（国民年金＋厚生年金）は、

約14万5000円／月（厚労省「平成29年度厚生年金保険・国民年金事業の概況」）もらえると仮定しても、2250万円は必要になります。

子どもの進学費用を考えてみると、高校生まで公立、大学は私立のよくあるコースでも約900万円かかります。教育費（塾代含めて）は、年々、高額になっているので、こちらの用意も……なんて考えていくと、不安が募る一方です。

このお金の不安は、なかなか厄介です。**日本人はもともと不安に関係するセロトニントランスポーターがSS型（不安型）が60％以上を占める**不安になりやすい民族です。ただでさえ不安になりやすいし、それに備えようとする。もちろん備えあれば憂いなしですが、大きな数字を備えようとすると、現在の金銭を常に投資に回したり、取っておかなければいけないと思うようになります。

すると、短期的なリターンが期待できないものや、目に見えないものに「お金を使うこと」をためらわせてしまいます。

例えば、自由に使っていいお金が3万円あったとして、明日以降の不安がなければ3万円を使ってみるでしょう。本を買ってみたり、経験として映画を観たり友人と会ったり……。しかし、「将来的にもっと必要になるかも」と不安を抱えていると、「この3万円は使わないでおこう」となりがちです。

「お金の不安がある」→「お金を貯めようとする」→「未来の自分に投資しない」という思考ループに入っていくのです。

「お金を貯める」だけの目的なら、このループは正しいかもしれません。しかし、私たちが賢くしたたかに人生を歩んでいこうと思った場合は、お金を貯める以外の方法も、考える必要があります。

若いときから使うのは、将来的に効率のいい投資

若いときにお金を使い、**「経験やスキル、学びを貯める」**のは、実は将来に向かってはとても効率のいい投資になると考えられます。これを「自己投資」と言います。

「将来、利益を生むことを目的として、今の自分を成長させるために自らにお金や時間をかけること」は、お金と違って数値で測れません。そのため、お金や気持ちに余裕がなかったりすると、ついつい後回しになりがちになります。

しかし、私は最も効果的な投資は、自己投資だと考えています。数多くの成功者と言われる人々も**「自己投資が最大の投資」**と言っていますし、金銭的な資産運用よりリターンが大きいため、やるべきだと考えています。

自己投資と資産運用は似ている

資産運用をするときには、商品を選びます。株、投資信託、債券など、多くのものから、どれがいいか、皆さんいろんな情報や自分が出せる金額、取れるリスクまで悩んで決めます。

自己投資もこの考え方と同じです。自己投資する価値のあるもの、効果が直接的ではないもの、いろいろな種類があります。

- **知識を得る系**……書籍を読む。勉強会に参加する。大学院に行く。
- **自分を知る系**……自己分析ツール（ストレングス・ファインダー、骨格診断など）を使う。アドバイスをもらう（コンサルなど）。

・**経験を積む系**……運動や健康につながるものを継続する。
・**スキルを上げる系**……資格取得や語学学習をする。

自己投資は**「金銭的投資」**と**「時間的投資」**で構成されています。お金だけでなく、時間も使って学んでいきます。

「時間」が入るのは、お金の積立投資と一緒で、「複利の力」が働くからです。複利とは、「元金で得た利子にもまた利子がつくこと」。

私たちが自己投資して学んだり経験したことは、初期の頃に比べて年月を重ねるにつれて、ずっと楽に効果的に行なえるようになりますし、経験として積み上がれば返ってくるリターンも大きくなります。

継続して自己投資している人は、複利の力で積み上がっていくので、30代、40代と年齢が上がるにつれて大きな差となっていくのは、皆さんも想像できるでしょう。

「攻撃力＝稼ぐ力」を高める自己投資の選び方

では、何に自己投資をしていくか？　世界は資本主義社会ですので、長い目で見て「攻撃力＝稼ぐ力」につながるものがいいと考えられます。

では、「稼ぐ力」とは何でしょうか？

現代は、時代の変遷スピードがとても速くなっています。現在重宝されている力も、早晩テクノロジーの力によって不要になる可能性もあります。そのため、社内だけで通用するスキルを磨き続けるより、自己投資をして汎用性につながるような経験、能力、スキルを磨き続けることが大事になってきます。

汎用性が高い能力とは、「知識、スキル、考える力（思考力）、コミュニケーション力」などと言われます。具体的には、次のような能力です。

◉**知識**……業務遂行知識、業界、最新技術動向、海外動向、顧客、専門業務、制度、仕組み、ＩＴ、システムなど。

◉**スキル**……事務作業、専門技術、語学、IT、資料作成、リサーチ、アナリティクス、文章作成など。

◉**思考力**……読解力、分析力、判断力、批判的思考力、戦略思考力、論理的思考力、仮説思考力、観察力、状況把握力など。

◉**コミュニケーション力**……質問、交渉、発信、提案、リーダーシップ、フォロワーシップなど。

この中から自分が学びたいこと、継続できることを選んで、**汎用性の高いスキル能力として磨いていく**ことが、長い目で見て「稼ぐ力」につながっていきます。

ここで言う「稼ぐ」とは、「副業で儲《もう》ける」といったような意味だけでなく、会社員として「年収を上げてくれる」「希望の部署への異動や転職を叶えてくれる」「定年後も稼ぐことに転化できる」ことを意味しています。

自己投資（書籍でも勉強でも）は、現在の仕事に関係があるかどうかは度外視して、「長い目で見たときに、自分にとって自己成長につながるか」という観点が大事です。

また社内の日常業務でも、「こういった能力を活かせる」「こういった能力が伸ばせる」なら、積極的にかかわったほうがいいでしょう。

自己投資にかける時間と費用の目安

そこにかけるリソース（時間と費用）は、自分と約束しなければいけません。

・**可処分時間**（自由になる時間＋自分のために使っていい時間）
・**可処分費用**（得ている収入の中で自分で使えるお金）

私は、年収の10％程度は大人として自分のために使うべきだと考えています。年収が４００万円なら、年間40万円。月で言えば3万円ちょっとです。多すぎると思いましたか？

でも、健康のためにジムに行って1万円、継続して勉強したい教材のために1万円、読書のため月3冊で５０００円。残り５０００円は受けたい講座が出た時用に取っておいて、1年に一度6万円程度のセミナーや勉強会に参加したり、パソコンの買い替え費用に充てる予定にしている。こんな使い方なら、やっている人はいるのではないでしょうか？

10％は厳しいと思えば、代用できるものを探せばいいし（ジムをやめてランニングに変更すれば0円）、年間予算として調整すればいいと思います（年間予算で30万円にするなど）。他の予算として調整し、**10％は厳しいなら半分の5％でもいい**でしょう。そのときに合わせて増減してもいい。しかし**「ゼロ」にはしない予算立て**が大事です。

夫婦の場合は、どちらかが家事育児を担っていると、一時的にどちらかの収入が下がっているケースもあるので、その場合は「世帯年収」の10％程度をお互いが使うべきです（各自の年収に合わせると、片方が使えるお金が少なくなる可能性が高いため。夫婦でキャリアのアクセルを踏む瞬間が違うと、年収に差が生まれるため、世帯年収にしています）。

自己投資は、いずれ大きなリターンになる

継続し投資し続ければ、最終的にそれが「稼ぐ力」として身についていきます。あくまで投資ですので、実らない可能性もありますが、でも、学んだことは決して無駄にはなりません。

年齢が上がって社内でマネジメントを頼まれるようになったら、生きてくる可能性もありますし、ライフイベントに翻弄《ほんろう》されてキャリアを大きく変えたとしても役に立つ可能性が高くなります。

実際に必要になったときにイチから何かを身につけようと思っても、時間が味方してくれません。すぐに使えない可能性が高いでしょう。そのためにも、**できるだけ早くから自分への投資をする**ことが肝心です。

また、他の分野で、学びを始めるときの下地づくりに役立ちます。新たな情報を選出するときに、「これは自分に向いている」とか、「過去の学びでこういった経験をしたから、次はこれをやろう」などと、選択力アップに使われるからです。

お金と一緒で「投資」の世界には１００％はありません。リスクがあるから、リターンがある。そのリスクの許容度として、１割程度は差し出し続けたほうがリターンが大きいと考えています。

私の例ですが、前述のとおり、ヨガの資格をいくつか持っています。取得するまでにトータルで１００万円以上の経済的コスト、10年以上の時間的コストをかけています。もともとは、自分の健康維持、興味でやっていました。学び始めると楽しくなり、結果的には「生徒」から「先生」側まで来てしまった感じで自己投資を続けています。

現在ではヨガを教えたり、またヨガスタジオの運営もしており、かけたコスト以上のリターンがあります。

これは、私が10年かけて、毎年1割程度の自己投資をしてきた結果です。他にも会社員時代に自らが手を上げて受けた研修や勉強会で培った「交渉力、戦略的思考力、判断力、リーダーシップ」が組み合わさって生きています。

またこの本を書くのにも自己投資が生きています。私は年間３００冊程度の本を読むので、費やす時間や本代は自己投資です。このおかげで、知識量が増えたり、文章力が上がったり、どんな書籍が好まれるかが私の頭の中に記されています。そのため、今こうやって「本を書く力」として還ってきていると感じます。

もちろんうまくいかないケースもあります。私は最初、文章なら書けるので、ブログに広告を貼るアフィリエイトをやろうとしてみました。自分の時間を「自己投資」して、ネタを書き溜めてブログの構築や体裁を整えたり、SEOと呼ばれるGoogle検索で上位ランキングに表示される術を勉強したりしました。

しかし、やってみてわかったのは、フルタイムワーキングマザーの私には「時間」が足りない事実でした。私の場合、毎日1時間半程度の可処分時間（自由時間）のうち、全部の時間がブログ書きに使えるわけでもなく、かつ情報がどんどん変わっていくので、向いていないジャンルだったなと振り返ってわかります。

そのため、自己投資の方法を変えるべく撤退をしました。途中でブログをメイン活動にするのは止めてしまいました。しかし、ブログから寄稿依頼の仕事が来たりと、トータルで見たら無駄にはなっていないと感じています。

自己投資で失敗しても、絶対に残るもの

自己投資は、短期で見たら失敗でも、長期で考えたら次の行動の土台になります。資産運用（お金）と違って、**自分への投資は「経験」が絶対に残る**ので、お金よりも効率がいいでしょう。資産運用で失敗（元本割れ）しても、失ったお金は戻ってきませんが、自己投資は、「経験」が必ず残ります。

また、自己投資は、子育てにおける教育面でも思わぬ効果が期待できます。親が自ら学び続ける姿勢を見せていけば、これも子どもたちの教育への投資になるのです。

皆さんの両親を思い出してみてください。おそらく、仕事を辞めた世代の方が多いと思います。お父さん、お母さんはお金を使うのを躊躇されていませんか？　これまで以上に質素に暮らそうとしていませんか？

現役を引退すると、もう収入が入ってこない人が多い。貯蓄を切り崩していくか、年金だけで生活を成り立たせるしかなくなります。しかし、中には現役の頃から培ってきた習い事などを、公民館等で教えて収入を得ているような人もいます。私の母の

例ですが、長年「事務職、経理」に従事し勉強も続け、同時に健康にも投資してきたため、「思考力」も「体力」もあり元気です。そのため、70歳を過ぎた今でも、現役時にお付き合いのあった会社から、時々単発で事務作業を頼まれて収入を得ています。

あくまで一例ですが、このように毎月いくらかを自分の未来に向かって投資してきた人と、何もしてこなかった人とでは、「稼ぐ力」に大きな差が生まれるはずです。最終的に「防御」の資産が足りなくても、自分という資本に投資をしてきた人は、攻撃、「稼ぐ」ことで乗り越えられます。

自己投資は、一番効果的でリターンの大きい投資なのです。

人生で自由な選択をするためにも、2つ以上の収入経路を準備

「共働きの継続」は、最高のリスクヘッジ

まず頭に入れておかなければいけないのは**「資本主義社会に生きている以上、個人の自由な選択を助けてくれるのは経済力」**という事実です。離婚しても、仕事を辞めても、不慮の事態（病気や事故、隣人と揉めて引っ越しするなど）でも、収入さえあれば自由な選択ができます。お金で買えないものは多くありますが、人生の悩みの8割はお金で解決できる、つまり、経済力があればコントロールできることは多いとされています。

私は共働きを推奨していますが、これは別に「世帯を守れ」という意味で言っているわけではありません。共働きを止めてしまうと、どちらかの人生をどちらかに背負わせる可能性が高くなる、また夫婦で何かあったときのリスクヘッジとしても、どちらも仕事を辞めてはいけないと考えています。ちなみに、「会社員を辞めるな」という意味ではありません。**どんな働き方でもいいので、自分の収入経路を持っておくべき**という考えです。

中途半端な生命保険に入るより、共働きを緩くても細くてもいいから継続していくほうが、圧倒的に**リスク分散**になります（社会保険、税金、年金的観点からも、何かあったときの選択権を持てる）。また「共働きの継続」は、夫婦がお互いのやりたいことの「応援手段」にもなります。すでにお伝えしたとおり、夫婦どちらかが「築きたい」キャリアのために、「仕事を辞めて転職する」「学校に行く」「起業する」なんてことがあっても、片方のパートナーが仕事をして収入があるので、夫婦で助けることができるからです。

「2つ以上の収入経路を確保」を考える

私がワーキングマザーで復職して数日後、まだ1歳の長男を保育園へ送る車の中で、ふと「ある事実」が思い浮かびました。この子がもし病気になったり、不登校になったり、何か想定外の出来事が起きたら、私か夫のどちらかは、仕事を辞める可能性があると、今さらながら気がついたのです。

「何を大げさに」と思われるかもしれませんが、実際に、先輩ワーキングマザーの中には、お子さんがいじめに遭って転校や、病気にかかったわが子に寄り添うために会社を辞めた方もいました。

他にも、幼児を育てていると、発熱による呼び出しが続いたり、「小1の壁」にぶち当たって学校行事の多さに「働き続けるのは困難」と心が折れそうに感じる場面があります。

しかし、**今の働き方、仕事があるうちに何らかの収入経路は必ず確保**しておいてください。

特に妻側こそやるべきです。その理由は次のとおりです。

◉子どもに何かあったときに、母親のほうが仕事を辞める確率は高い

子どものトラブルを理由に、実際、父親が会社を辞めるというのはまわりの事例を見てもとても少ないのが現実です。皆さんのまわりを見ても同じではないでしょうか？　となると、仕事を失うリスクは「妻側」のほうが高いと言えます。

◉現代の離婚率の高さ

3組に1組は離婚の時代です。そんなことないと思っていても、20代や30代の頃に選んだ人と70、80代になっても一緒にいるか？　未来はわかりません。それまでに、子育てを理由に女性側が仕事を絞っていると「妻側」の収入も、キャリアも途絶えている可能性があるからです。

人生に何があっても会社を辞めない選択ができたらいいのですよね。しかし、時間を差し出して働いている会社員の場合は、仕事を辞めざるを得ない場面が生じます。

私も長男と次男の出産時はフルタイムの会社員でした。有休を使うといっても限度がある。何かあったら「会社員である働き方」は続けられないかもと感じていました。

子どもに何かがあったら私が仕事を辞めて寄り添ってやりたいが、収入が確保できない場合は働かざるを得ない。人生何が起こるかわからない。私は長男が1歳頃から、会社員のような「時間を固定されるような働き方」（労働集約型）以外で何か収入を得られないかと考え始めました。

働き方には2種類ある

会社員1本の働き方が不安になった私は、会社1本の収入に頼らない道について考え始めました。会社員の働き方は**「労働集約型」**と呼ばれ、時間を差し出してお金をもらう働き方である、とそのときに知ります。人間の労働力による業務の割合が大きい仕事となっています。

この働き方には収入の大小はありません。時間を差し出して働いている限り、アルバイトでも医師でも、**本人がそこにいないと成り立たない仕事はすべて「労働集約**

型」です。

もう1つの働き方が**「資本集約型」**と言われる働き方です。

自分が働くのではなく、資本や仕組みをつくり収入を得ています。例えば、自分ではなく従業員が働くお店のオーナーや、株などの資産を動かす投資家、もっと小さいところでは、ブログにアフィリエイトを貼るやKindle本を出すのも当てはまります。

ただでさえ、会社員として時間を使っている私は、「労働集約型」の仕事をもう1つ増やすのは無理だと早々に理解します。

なぜなら、時間を差し出すような仕事を探してしまうと（終業後にコンビニで働くなど）、ワーキングマザーは、ただでさえ時間がないのに成立しないからです。

そこで私は、自分の働き方を考えて、「資本集約型」つまり**「何か仕組み」をつくって収入経路を確保する**必要があると学んだのです。

「労働集約型」以外の収入経路を準備すべき理由

学校を卒業すると、多くの人は「労働集約型」の仕事に就きます。私の場合は、新卒一括採用で民間企業に就職しました。「労働集約型」の仕事では、収入や経験と引き換えに「時間と体力や思考力」を渡していきます。そのため、会社員なら定年（60歳、企業によっては65歳）があります。定年がなくとも、加齢とともに「体力や思考力」は失われていくので、**誰でもいつか必ず「労働集約型」の働き方が終わりを迎えるときが来る**のです。ただ、人生１００年時代となった今では、定年を迎えても、その後何十年か生きる可能性が高いでしょう。

これまでの働き方では、現役時代の収入を貯蓄運用して、定年後の備えが望まれていました。しかし、60歳以降に残り20～30年生きるためのお金を、現役で働いて40年間で全部準備するのは無理と、皆さんも薄々わかっていることでしょう。

今のうちから、将来も考えて「**複数の収入経路を用意する**」。その準備をしておく。

そうすれば、どれか1つは労働時間を差し出さないタイプの収入経路にできるはずです。

現役の頃から意図してつくってきた収入経路は、老後にも必ず役に立ってくれます。すぐには無理だと思ったとしても、60歳までの準備期間が20～30年あります。しなやかなキャリアを築き、人生を主体的に生きるために、少しずつチャレンジしていく価値があります。

こういった話をすると、**「会社が副業禁止なので、練習すらできません」**という声も耳にします。

本業とは別に、課税対象になる事業所得20万円を、会社員をしながら副業として稼ぐのは実際は結構難しいのが現実です。稼いでもいないうち（つまり、副業と認定される前の状態）から、行動に「ロック」をかける自分の「考え方」に疑問を持ってみてください。

許可されていないのでできない。それはそうかもしれません。しかし、あなたの人生に何かあったら、60歳過ぎたら……会社があなたの人生をどうにか助けてくれるのでしょうか？　大人になったら「学校」にいるわけではありません。自分の人生は、自分でハンドルを握らないと、誰も運転はしてくれないのです。

もちろん、「副業禁止」は会社の倫理上、やむを得ないケースもあります。私は、「リスクを取って副業の練習をしましょう」と勧めているのではありません。

自分の人生を主体的に生きるための使える制度や、社内規定を見直して副業できる方法を調べたりすることはできます。それすらしてないのに、「副業禁止なんです」と言われたら、私は「そうなんですね」としか言えません。

厳しいようですが、私が答えを持っているわけではありません。あなたの人生はあなたしか歩む人がいません。

本業以外の収入経路のつくり方

では、本業以外の収入経路をデザインするには、何から考えていけばいいのでしょうか？

まず、**「資本集約型」**にする必要があります。会社員の収入経路があって時間を費やしている前提でやるので、時間を使って働けないからです。昼は会社員、夜はコンビニでバイト。共働きは時間がないので、明らかに無理です。

しかし、最初は**「労働集約型」でも、時間とともに経験が積もっていって、それがいつか「資本集約型」になる職種**であれば、おすすめします。

ここで選ぶ「仕事」は、第1章でお伝えした「キャリアのマイものさし」に合致するものを選ぶことが望ましいでしょう。自分の特性に合わないと、本業がある身の上としては続かなくなるからです。

「フロー型」と「ストック型」の収入経路を考える

例えば、「note」という文章を書くプラットフォームがあります。文章を書くのが「できること」で、本を読んだり、情報収集するのが「やりたいこと」に該当する人は、ここで「時間をかけて」、何か文章を書いてみることは向いているかもしれません。

最初は誰にも読まれないし、時間もかかるでしょう。労働時間をかけている割には、お金にはなりません。しかし、だんだんと文章がうまくなっていき、1年以上も書いていれば、少しずつフォローしてくれる人が増えてきます。さらに試行錯誤しながら、長文を書くチャレンジをする、文章を売ってみる（「note」は仕組み上、文章の販売ができます）と、少しずつ収入を得られるようになるかもしれません。

その頃には、文章のストックも貯まり、過去に書いた文章を買ってくれる人が増えていきます。

こうなると、**始まりは「労働型」でも、時とともに「資本型」の収入になっていきます。**

「フロー、ストック」という表現がありますが、毎回商品をつくる必要があるものは「フロー」です。例えば、雑誌の記事は「フロー」です。毎月、毎月出ては流れていきます。しかし、毎日商品をつくらなくても、1つのものがずっと売れていくのが「ストック」です。自分が労働しなくても収入を得られるようになります。例えば雑誌ではなく書籍。一度つくれば継続性があるものです。

最初は、時間を使って「フロー型」のような収入経路をつくっていても、それが「ストック型」に転化することは十分できます。

一例をご紹介します。私は過去ブログを書いたり、「note」の文章を書きながら、少しずつ文章力をつけ、フォロワーを増やしていき、現在は「フロー」として毎月のマガジン記事更新で購入いただいたり、「ストック」として過去に書いた記事が売れています。2年ほどかかっていますが、大卒新入社員のお給料くらいの収入経路にはなっています。

それは、「あなただからでは?」「たまたまでしょ?」と思われるかもしれません。もう一例も紹介します。

彼女は普通のワーキングマザーでしたが、お弁当づくりが好きで、キャラ弁をよくつくっていました。その弁当を学校で見た、他の子どものお友達が「○○さんのお弁当がおいしそう、キャラがすごい」と自分の母親に言い始めます。

そこから彼女は、ママ友などから「お弁当づくり」を教えてほしいと頼まれるようになり、教え始めます。そうして、口コミが広まり始め、無料だと悪いからと言われて「講師料」をもらい、キャラ弁づくりを教えるようになりました。今はキャラ弁本も出していて、1つの収入の柱として成り立っています。

この2つの例からもわかるように、**まずは「フロー」でもいいから、「やるか、やらないか」が分かれ目**になります。

会社員の本業があるうちは、チャレンジして失敗しても、本業（会社員）があるので、たいして困りません。何か起きてから「考える」ではなく、何か起きたときに「行動を選択できる」ための支えとして経済力は大事です。

そのためにも最終的に「労働型」だけでなく「資本型」の「複数の収入経路」を確保するべく、皆さんも**「何も起きていない余裕のある今」からの行動**をおすすめします。

お金に使われないための心得

地位財は、浪費の典型例!?

有名な話ですが、他人との比較によって満足が得られる財産（お金やモノ、社会的な地位など）を**「地位財」**、他人との比較とは関係なく満足が得られる財産（健康、自由、家族など）は**「非地位財」**と定義されています（経済学者ロバート・フランク）。

地位財は「浪費」になりやすいとされています。例えば、高級な時計や車、マンション。「それ」を買っても「もっと良い時計」を見たら「次はあれを！」となる。同じメーカーの車に乗っている友人がいたとしたら「あっちのほうが良いグレードだな。

ちょっと恥ずかしいな」となる。こんな方は、購入しているものが地位財、「購入する動機」が他人との比較による「優越感」であると考えられます。「優越感」でものを買うと、比較対象が消えない限り、「満足のいく」お金の使い方ができなくなります。

浪費が多い人は、「優越感」と「幸福感」をイコールと勘違いしている可能性があります。他人より「良いもの」を持っているから「幸せ」なのではありません。「自分の満足するもの」にお金を使うから「幸せ」を感じるのです。例えば、コンビニよりスタバのカップを持っているほうがかっこいいと思ってコーヒーを買うなら「優越感」です。コンビニでも、スタバでも、好きな味があるなど、飲んで「幸せ」な気持ちになるなら、「幸福感」です。浪費が多い人は「幸福感」を上げるお金の使い方にならない支出が増えるため、要注意です。実際、地位財による「幸福感」は長続きしないが、非地位財による「幸福感」は長続きすると報告されています。

要注意！ 結婚後に自己投資が止まりがち

自己投資の重要性を理解していて、20代の頃は自己投資していたのに、30代になってライフスタイルが変わる（結婚、出産）と、自己投資が止まる方は多くいます。

なぜ自己投資が止まるのでしょうか？

理由は単純です。ライフスタイルが変化して、家族ができて子どもが生まれると**「時間的」「金銭的」リソースが減るから**です。自分にかける時間とお金、そして学びを継続するための意志力や思考力、家族の協力……なんて考えると、確実に学びの機会は減ります。

特に子どもの学費に対する不安、自分の老後の不安など、リアルに感じる年代が30代です。自己投資よりも「資産運用や貯蓄」に走ろうとしてしまいます。そのほうが数値化されていて、目で見て安心できる材料になるのも大きな要因です。

「未来への不安病」にかからない方法

では、この不安はいったい何でしょうか？

不安の原因を分解していくと、2つあります。

・いったい、いくら将来に必要なのかの試算不足。
・老後に収入がなくなってからの収入を得る方法がわからない。

「今のうちに備えておこう」「貯金しておこう」と「不安に対する保険としてお金を使わない」を選んでいくと、「お金や時間が減り、リターンがわからない」自己投資はできなくなっていきます。これが「未来への不安病」です。

不安病にならないために必要なのは、「現状を知る」「継続して稼ぐ力を持つ」という2つのエッセンスです。

ここで大事なのは、「このぐらいお金が必要だから貯蓄しよう」という発想ではないこと。貯めるのは**「防御型」**、稼ぐのは**「攻撃型」**の資産形成（お金以外も含む）になります。長期目線では、「防御」も「攻撃」もできるほうが、強く人生を乗り越えていけます。

無駄使いは、〇〇がないから

あなたが買ったものや使ったお金は、目的別に見たら、無駄使いではないかもしれません。一般的なお金を貯める系の本だと、スタバでコーヒーを買わずに、コンビニで購入し、そのお金を投資に回していけば毎月の投資金額や預金額が増えると唱えていたりします。しかし、それは人によって違います。スタバでコーヒーを買うのは、空間を買っている場合（そこで勉強する）、安らぎを買っている場合（週一度のリラックスタイム）など、人によって目的が違うのです。そこで30分くつろぎの時間を得るから午後からの仕事が頑張れる。その時間に勉強をして学びにする。それなら投資かもしれません。

お金の使い方は生き方です。**何にリスクを取ってお金をつくり、何に使って人生を**

豊かにするのか。目的を決めて使っていくと、幸福度を上げてくれるし、不安にかられた貯蓄をしなくて済むようになります。

しかるべきときに使う！
人生における投資も忘れずに

「資産をつくるべく、黙々と貯金や運用をするのがいいのか？」と言われれば、そうではありません。

お金そのものの価値で考えれば、使わずに取っておくのにもリスクがあるのです。「インフレリスク」（100円で今買える物が、将来100円では買えなくなる、現金の価値が目減りすること）と呼ばれます。

また、時間の観点で見ても、今が一番若いので、体力も思考力もあります。このときにお金を使って得た経験や学びは、一時的にお金を失うリスクはありますが、将来的にはリターンとして私たちの思い出や経験を増やしてくれる可能性があります。

将来の不安に備えすぎない。リスクやリターンを取りたくないからと、**そのまま置**

いておくのも、実はリスクであることは知っておく必要があります。

『DIE WITH ZERO』の著者ビル・パーキンスは、若いときは節約よりも自由に金を使うほうが合理的だという考えを著作で述べています。

「お金は使い切って死ね」が同書の主旨です。潔いですね。私たちの「思考力」や「体力」は加齢に伴って日々失われていく財産の1つです。10歳のときの10万円と70歳の10万円では価値が違います。若さも好奇心も体力もあるときに使ったほうが、残りの人生に大きな影響を与えるという観点で考えたら、10歳に10万円を使うほうが価値があるのです。

より効果的にお金を使って体験や知識を得ようと思ったら、「旬」も存在します。例えば、20代前半のバックパッカー旅行で得た経験や学びは、50代では味わえないでしょう。情報や経験の非可逆性（知ってしまったら、戻れない）は、年齢が上がるにつれて進みます。

だからこそ、**不安に対して「貯蓄や資産運用」をするだけでなく、適切なタイミングで使う**のも、また人生においての投資になります。

旅行や勉強などを経験するにはお金がかかります。しかし、「お金が貯まってから」と後回しにしても、得られるものは少なくなります。具体的には、残りの人生における思い出や、経験値からくる判断力や行動選択などへの影響力です。「経験の配当」です。

感受性が豊かで、思考力と健康があるときにしか味わえないことは多くあります。やみくもに不安にかられてお金を守り過ぎてないか。「使い方も投資の一種だ」と、私も考えています。お金は貯めるよりも使い方に「人の本質が出る」、何に価値を置いているかが現れるのです。

特に、子どもの成長は、どんどん過ぎ去っていきます。もちろん将来への資産形成も大事です。しかし、子どもの経験や思い出は、10年後に「お金が貯まったときに買えるか」と問われたら、買えません。

第5章

「学び」の習慣

——人生の豊かさを決めるエッセンス

学ぶ気力と学びの継続を生み出す3つの条件

育休中に「学び」たいと思うあなたへ

最近の女性の活躍や働き方の多様性の変化、はたまた、スキルや経験がないと今後のキャリア継続はないという焦りや不安の影響でしょうか、大人の学びブームです。ワーキングマザーの周辺でも、学びやスキル習得に余念がなく「知的好奇心」を持ち続けながら学んでいる人が多くいます。普段の勤務形態ではまとまった時間が取りにくいため、特に育休中に何か資格を取得したり、スキル向上のために習い事をしたり、コミュニティに参加して学んだりするのがいい、そんな風潮を感じます。

社内のダイバーシティ会議や、ＳＮＳを見ると、バリキャリや意識高いワーママ（自分から見たらそう見えるだけだったりする）が、「子どもがいても、この資格を取った」とか、「育休中にＴＯＥＩＣを１００点アップさせた」とか、「ＭＢＡを取得した」とか、強者からの報告があふれています。そのような方々はもちろん努力もされています。しかし、生存者バイアス（成功した人のみを基準として判断を行ない、通過に失敗した人は見えなくなるため、それを見逃してしまう）もあります。裏には、できなかったり、やらなかった人たちも隠れているはずです。しかし、つい「育休中にもかかわらず、多くの人は学んでる！　私も何かしなくては！」と焦ってしまう人も多いでしょう。

子どもができてからの学びは、実際にやってみると、産後の寝不足だったり、体力が続かなかったり、満足にやりたいことができなかったりします。

私も育休中にＦＰ２級を取得したいと勉強に取りかかった過去がありますが、実際は夜子どもを寝かせつけてからは勉強する気力も湧かず、試験を受けなかったという記憶を思い出します（その数年後に取得）。産後は、人によって体調や子どもの特性も違うので、みんなが同じだけの活動量を確保できるわけではありません。仕事復帰して数年のワーキングマザーも同じです。

そもそも理解しておきたいのは、**「大人の学び」は、自分が整っていないと継続できない**という前提です（ここでの学びは、読書などハードルが低いものから大学院入学などのハードルが高いものまでを含みます）。誰かに頼まれて学んでいるわけでもないので、学ぶための体力＋気力＋時間のリソースが整ってこそ、本格的に行なえます。

学ぶために必要な3つの条件

ここで言う「自分が整う」とは、

①健康状態が安定している。
②自発的に学びたい気力が湧く。
③時間が確保できる。

この3つです。1つずつ深掘りしていきます。

①健康状態が安定しているか

「健康状態が安定している」とは、要は睡眠時間が確保できて、栄養状態も良く、本来の仕事や家事以外に回す余力がある状態です。多くのワーキングマザーはここでつまずきます。

勉強時間を確保するために朝活を始める方がいますが、朝起きる時間を早めても、夜の就寝時間を早めないと、結局はただの睡眠不足になって継続しなかったというオチを見ます（実は私も数年前にやりました）。

人間に必要な睡眠時間は、最近の調査では7～8時間とされています。これを現在の生活で取れていない方は、まずは睡眠時間の確保が優先です。確保が難しい方は、何に時間を多く使っているのか、もしくは何に時間が蒸発しているのかを探し出して、**まずは学びより睡眠に充てる**ことをおすすめします。長期的に見たら、今の学びよりそのほうが健康寿命には影響が大きいからです。

次に**栄養状態**を考えます。「私は痩《や》せているわけでもないし、栄養は足りているから大丈夫！」なんて方がいますが、ワーキングマザーに多いのは**隠れ貧血**です。

隠れ貧血（潜在性鉄欠乏）は、「貧血」とは診断されていないものの、体内の鉄が不足しており、貧血として「見える化」する手前の状態です。貧血の目安になる、Hb（ヘモグロビン）は減っていなくても、体内に貯蔵されている鉄の貯金「フェリチン」の数値が枯渇しています。母乳育児（母乳は血液成分）で、満足に高栄養価の食事を摂れていない人は当てはまりやすいです（血をつくるために必要な栄養素であるたんぱく質や鉄、ビタミンB6、ビタミンB12や、鉄の吸収を良くするビタミンCが不足、必要な栄養源はほぼ確保できない……）。

仕事復帰したばかりのワーキングマザーは、自分の食事は後回しにしがち。気をつけておくべきです。隠れ貧血を見つけるには、立ちくらみ、めまい、やる気が起きないなどの症状があるので、会社の健診では貧血項目をチェック、記載がない場合は内科での測定をおすすめします。

何を隠そう私も貧血でした。鉄剤やプロテインを毎日取得しています。カラダの活動度が異なります（だるい、夜はとにかく何もする気にならないが減る）ので、学ぶ意欲が涌かない人こそ、まずは栄養状態の現状把握をおすすめします。

②自発的に学びたい気力が湧くか

誰にも強制されない「学び」は、本来その人の内側から起こる**「内発的な動機付け」**によって湧き起こります。内発的動機付けとは、行動のモチベーションが内面から湧き起こった興味・関心によるものです。これは簡単に言えば、遊びに熱中している子どもです。誰から頼まれたわけでもなく、「やりたい！」と自ら湧き起こった力で遊びに熱中します。

人間は体調が整ってこそ思考に余裕が生まれて、「何を学びたいか、やりたいか」と考えられるようになります。

このサイクルは、すでに皆さん、産後に経験されています。出産直後は、「とにかくカラダの痛みがどうにかなってくれ！」と思っています。そこから産後の体調が戻っていく過程を経て、子どもの首が据わるまで（生後3カ月くらい）の日々は、とにかく寝たい……。産後6カ月ぐらいから子育てのペースも掴めてきて、「子どもにどんな洋服を着せようか、家族でどこに行こうか」と考え始められるようになった方は多いのではないでしょうか。

体調が整って学びの気力が湧いてきたら、注意をしておきたいのが、**「なんでもかんでも学びたい症候群」**です。

働く母親は本当に時間がありません。時間がない中で「良さそうな資格取得、おもしろそうな学び、おすすめのスキル習得」などの情報に流されていると、「あれをやらなきゃ、これをやらなきゃ」とどんどん焦ってきます。しかし、余裕がない中で、本当にやりたいことを吟味せぬまま**「やったほうがいいこと」をやる余裕は、ワーキングマザーにはありません。**やり始めても継続しなかったり、続かないことで自己効力感が下がったりします。

これが起こるのは、「あれもこれも学んだほうがいい」という他人の価値観や求められる（と思っている）役割に反応しているからです。自分自身はそう思っていなくても、「他人がやっているから」と影響されて学びの種目を決めたり、「お金の勉強に良さそうだから、ＦＰ資格を取ろう」「会社で評価されるからＴＯＥＩＣをやろう」と評価を気にしていたり、「子どもがいるのにすごいと思われたい」などなど。

こうなると、本当にやりたいことでもなかったりするので、長続きしません。

そんな状態にならないためにも、カラダのリズムを整えながら**「内発的な動機」が起きるまでは、「学んでみたいと思ったこと」が浮かぶたびにメモに残しておく**ことをおすすめします。

とりあえず書いておけば、客観的に見られます。「これは、〇〇さんが資格取得したと聞いて、やりたいと思ったけれど、よく考えたら優先度は高くない」と気がつき、「本当に学びたいこと」に意識が向いていきます。

③時間が確保できるか

私の体感ですが、小さな子を持つ親の学びは、学ぶことそのものより、**学ぶ時間を確保するほうが難しいものです**。自分時間をなかなか確保できない上に、予定外の出来事でスケジュールが狂うことが多いからです。こうなると、「学び」を継続、習慣化が難しくなります。

そこで、あらかじめ「学び」時間を確保するための**「週間時間割をつくる」「予備日を設ける」「やめることを決める」**ことをおすすめします。

例えば、「仕事でAの資格を取得したい」となったとします。すると、Aを取得するまでの平均勉強時間を、合格者の声などで検索します。次に、試験日を設定。100時間勉強に必要で、4カ月後に試験があったとします。すると、120日で100時間、20日間は予備日にして毎日1時間の勉強時間を確保する必要があります。では、24時間のスケジュールを見ます。その1日で1時間の勉強をするために「どの時間を減らすか？」と自分に問いを立てて、やめることを決めます。決まったら、そこに勉強時間を入れます。毎日寝る前に設けていた30分のドラマを見る時間と通勤中にスマホを見ていた往復40分の時間、これらをやめて勉強に充てようと決める。ここで時間確保ができます。そこからスケジュールか、リマインダーに勉強時間を入れます。自分と約束して時間割をつくってしまうのです。もちろんスケジュールどおりにいかない日もありますが、予備日をうまく使ってメンテナンスをし、継続していくことが大事です。

余裕の「順番」が学びの習慣をつくる

学びの順番は、**「①健康」「②学びたい気力」「③時間の確保」**が成り立ってこそ、習慣化につながります。「ええ！　そんなの待ってたら、永遠にそんな日は来ない！」と思われたかもしれません。

その余裕をつくるために、多くのネットや書籍類が発信している「ライフハック」「効率化」「時短術」「仕組み化」の技を使うのです。この本の他の章を参考にするのもありです。

「学びたいことがある」ことは、「知的好奇心」があり、本来はいいことです（最近、「学びたい」気持ちが湧かない人もいます）。学びたいけれどできないと思う人は、学べない自分が悪いのではなく、「余裕がないのでは」と疑ってみてください。余裕がない中で無理に焦ってやるほうが、継続しません。**時が来るまで待つ**のも大事です。

努力の娯楽化が、これからの人生を変える

時代が生涯「学ぶ」ことを求めている

人生を「変化」させながら生きるには、「知恵」と「知識」が必要です。最近ではリカレント教育（生涯にわたって教育と就労のサイクルを繰り返す教育）も求められています。大学を卒業して就職したら終わりではなく、**時代も求められる能力も変化していくので、それに合わせて随時勉強をしながら、自分の人生をコントロールしていく必要がある**とされています。

リカレントを日本語に直訳すると「繰り返し、循環」を意味します。大人になって

からも学んでいけば、テクノロジーの変化により変わっていくスキルニーズに対応できます。また、1つの分野を時間をかけて習得し専門的なスキルを身につけることも可能になります。

年を取ってからも、継続して就労と学びを繰り返せば、現役時代の財産（資産や人間関係、スキルなど）を食いつぶしていく心配もありません。何歳になっても、未経験分野に、今まで築いた経験や知識を掛け合わせ、より学びに価値を見出すこともできます。

「大人の学び」の定義

「大人になってまで勉強したくない」と思われる方もいるかもしれませんが、ここでいう勉強とは、「学校に行く、座学をする」だけではありません。

社会人の学びは、新たな分野の経験を積むために転職をする、他部署への異動願を出すのも職種の学び直しですし、小さいものだと本を読むのも勉強の1つです。

立命館アジア太平洋大学の出口治明学長は、大人の学びが得られる方法として、

「人・本・旅」を推奨しています。職場以外の方と会う頻度が多ければ、考え方の枠が広がります。本を読めば古来の人たちの試行錯誤してきた考え方がわかります。旅をすれば体験として経験が積み重なっていき、人間の幅を広げてくれます。実体験を積み重ねる――。

子どもと違って、大人になれば学ばなくても学校で怒られることもないし、先生から諭されることもありません。大人になってからのほうが年月が長いので、何を学んできたのか、何に意欲的に興味を持って学んでいるのかの「差」が生まれやすくなります。

ですから、**知的好奇心を持ち続けられるかどうかが、満足する人生を過ごす分岐点**になります。「学ぶのが楽しい」「経験をするのが楽しい」という原動力をつくることです。Netflixを見ながら、ソファーに座って年を取って死んでいくのか。体力が衰えていっても、学びを通じて、社会に貢献したり、知的好奇心を満たしたり、人とのつながりを維持しながら死んでいくのか。学ぶ力も「筋トレ」と同じ。一日にしてならずです。

「大人の学び」を継続させるコツ

「大人の学び」は強制されない分、好きで苦もなく続く設計をしないと続きません。「まわりからいいと思われている」ことをやろうとしてはいけません。好きで苦もなく続くことをやるのです。

「努力の娯楽化」が鍵になります。

「努力の娯楽化」とは、客観的には努力の投入に見えても、本人から見ると楽しくてやっているので、主観的に努力だと思わない状態になります。一橋大学の楠木建教授が提唱されている考え方です。「価値がないとダメだ」「役に立つものをやらないとダメだ」という考え方だと、何をやるにしても「努力」が必要になります。努力を努力と思わなくても継続できる「努力を感じない状態」をつくるのが、大人の学びのポイントです。

「努力の娯楽化」を実践する身近な人

では、努力が娯楽化しているのは、どんな人でしょうか？

ハードなトレーニングに耐えられるスポーツ選手、起業して寝る暇もなく仕事をしている人。こんな人たちには「今日は天気が悪いから止めておく」や「勤務時間内で」なんて発想がありません。なぜなら、自分が好きで楽しくてやっているから。つまり、**「好き」が原動力になり、「娯楽化」＝「楽しいから、やりたいからやる」状態**になっています。

実は「好きの娯楽化」の天才たちは、身近にいます。それは**子どもたち**です。

例えば、ブロックで何かを組み立てているとします。ロボットをつくろうと思ってやっていたとしても、最初はうまくいきません。しかし、好きで「心からつくりたい！」が原動力になっているので、毎日毎日何度でもやります。そのうち気がついたら、ロボットどころか、お城までつくっていたりします。これは、好きなことをやっているので、努力してロボットをつくってやろうという状態ではありません。

ここで、「好き」の利点を挙げてみます。

・時間がなくても寸暇を惜しんでやりたくなる（スキマ時間の活用）。
・失敗してもめげない（「恥をかくからうまくなる」を楽しく超えられる）。
・量のフェーズが苦もなく行なえる（量質転化、ＰＤＣＡの回転が早くなる）。

好きなものを見つけて**「努力せずに学び」**になっていくと、毎日の忙しい中でも、少しずつ積み上がっていきます。すると、自己効力感（自分ならできるという自分を信じる力）は高まるし、興味の範囲を広げてくれます。できることが広がると、ますます好きなことに拍車がかかって、自分の枠を大きく広げてくれます。

結果的に、年齢を重ねれば重ねるほど、複利の力で、好きから得られるメリットが膨らんでいくはずです。

あなたの「好き」の見つけ方

時々「好きなものがよくわかりません」と言われることがあります。私は、それは好きがわからないのではなく、「好きが言語化できない」「自分の好きに気づいていない」可能性が高いと考えています。

好きなものを浮かび上がらせる3つの方法をご紹介します。

①「好き」を見つけようとしない

「好き」探しをしている人をよく見かけますが、それは「青い鳥探し」と一緒で、「好き」は見つかりません。なぜなら、「好き」は**「自分の知識と経験の集合体」**からなっているからです。人間、自分の経験のないことを好きだと思いませんし、知らないことは好きだと思いません。そのため、「外」に探そうとするのを、まずやめます。

②過去の経験からお金と時間を一番使ってきたものを見つける

これまでの人生の中で、あなたが一番お金と時間を使っているものは何ですか？

これが「好き」のヒントです。ちなみに私の場合は、時間を一番使っているのは、幼少期の頃から図書館カードに読んだ書籍の冊数が増えるほどニヤニヤしていた「読書」です。お金を使っていたのは、ヨガの勉強です（10年以上かけて100万円以上は使っています）。仕事でも趣味でも何でもいいので、**自分が一番お金と時間を使ってきたもの**は、「好き」が隠れている、もしくは「好き」の可能性が高くなります。

③好きなアクションを10個書いて、共通項を見つける

例えば、「カフェでお茶を飲むのが好き」「ストレッチをするのが好き」「散歩が好き」「ネイルを塗るのが好き」……、こんな項目が挙がったとします。

これらの共通点は何だと思いますか？

一見無関係のようですが、「セルフケアが好き」「本棚を並べるのが好き」「〇〇しながら考えることが好き」など、共通点が見えてきます。

こうやって**自分の好きを挙げていく**と、一見関係ないものの中にも「好き」の要素が分解されて見えてきます。これがあなたの好きの源泉である可能性が高いのです。

これを知っておけば、学びの選択においても「セルフケアの要素が入ってるから試してみようかな」「考え事しながらできるので、向いてるかも」と好きになる可能性が上がるものが試せます。

努力の娯楽化――。好きなものをやっていくことは、未来への「点を打つ行動」になります。

「先を見通して点をつなぐことはできない。振り返ってつなぐことしかできない。だから、将来何らかの形で点がつながると信じなければならない」（2005年、スタンフォード大学卒業式辞より）

このスティーブ・ジョブズの演説は有名です。

「Connecting The Dots」

Dots（点）は、瞬間的な行動や選択を指します。Connecting（つなげる）とは、それらをつなぎ合わせて新しい世界や概念をつくることになります。

どんな学びも、この領域まで来れば、楽しい人生が送れることでしょう。

私たちの生き抜いていく時代は、常識や価値観変化が激しい時代です。**「好き」は誰も教えてくれません。自分の中に眠っています。**

しなやかにしたたかに「好き」をうまく使いながら、自分の人生をコントロールしていきたいですね。

人生100年時代、「職業人生は、人生に二度やって来る」に備えよう

自分たちの「生活」に合わせて、「働き方」を変える時代

私は、1000人近くの共働き世代が参加しているコミュニティの管理者をしています。その中で、30代半ば以降の「働き方」に悩む人を、あっちでもこっちでも見かけます。この年代から、「キャリアの迷子になる人」がとても多いのです。

30代半ばといえば、20代から勤めて社会人経験も10年ほどになり、さらに結婚、出産でライフスタイルが変化し、さまざまな選択肢が見えてくる時期です。「これまで

と同じ働き方でいいのか」「結婚や出産で仕事のアクセルを少し緩めるのか」など、**自分が働きやすい働き方**（会社員や自営などを含む）を模索し始めるようになります。

実際、私自身も、第1子を出産してから「キャリアに関するモヤモヤした気持ち」を抱えることが増えました。私は転勤ありきの会社に勤めていました。転勤というと、紙切れ1枚で会社のいいように動かされるという悪いイメージもありますが、一概に悪いものではありません。

私自身、勤めていた間に5回転勤していますが、転勤すると部署が変わり、新たな仕事のチャレンジをもらったり、これまでとは違った人たちの中で働けるので、考え方の視野が広がったりスキルが向上したりします。

しかし、子どもが生まれると、「じゃあ、2週間後に転勤して」と言われても「ハイそうですか」というわけにはいきません。

そもそも働くにあたって、子どもが保育園に入園できなければ働けません。保育園入園のタイミングは、学年が変わる4月のケースが多く（待機児童問題で年度半ばでは入れない）、募集は前年の12月頃に終わっています。そのため、1カ月後に転勤と言われたところで、実質問題として動けません。

また、夫婦ともに転勤族のわが家は、「どちらかが働き方を変えていかない」と「家族で一緒に住むことは将来的に叶わなくなる」現実が迫ってきました。

これまでの「男性が大黒柱。専業主婦の妻や子どもたちがついてくる」なら、会社に合わせて「生活」を変えられましたが、**これからの時代は自分たちの「生活」に合わせて「働き方」を変えていく**必要があります。

この悩みや気づきを30代で経験できる価値

共働き夫婦、特に働き方を変えざるを得ない側（ワーキングマザーが多い）は、この事実に30代で気がつけるのはとてもラッキーだと思います。

定年後、燃え尽き症候群に陥る60代の男性がいるという話は、よく聞く話ですね。仕事一筋生活、「仕事」に合わせて人生を過ごしてきたがために、仕事がなくなると、逆にどんな「生活」をしたらいいのか、わからなくなってしまうわけです。

人生１００年時代になると、65歳で退職しても、その後20～30年以上生きる可能性があります。

私たちは、**ひと足先に強制的に、会社以外の人生を含めた自分のキャリアについて30代で考え直すことができます**。しかも、行動する時間も余力もまだあるうちに、「私、今後どうしたらいいんだろう？」と悩む経験ができるのですから。30代でこの経験ができることをありがたいと思うべきです。

定年になってから考えるのではなく、考えるチャンスが到来したと思って、思いっ切り「働き方」を考えるチャンスです。

自分の職業人生をどう設計する？

じゃあ、何ができるのか？

自分のキャリアの絶対領域をつくりに行きましょう。

ちなみに、「キャリア」とは、仕事ではありません。

文部科学省の定義では、キャリアとは、「人が生涯の中でさまざまな役割を果たす過程で、自らの役割の価値や自分と役割との関係を見出して行く連なりや積み重ねが、『キャリア』の意味するところである」（中央教育審議会「今後の学校におけるキャリア教育・職業教育の在り方について〈答申〉」平成23年1月31日）とあります。

「社会の中で自分の役割を果たしながら、自分らしい生き方を実現していく過程を『キャリア発達』とする」とも定義されています。

ちょっと難しく見えますが、要は、

「キャリアとは、決まっているものではなく、生きていく中で自分には何ができるか、何をするのかを試行錯誤しながら、他者との関係性によって築かれていくもの」

と理解できます。

私は、これを自分のメッセージとして**「自分に適した職業人生を何度も生きろ」**と考えています。

大学卒業後から同じ企業にずっと勤め続けても、必ず定年という終わりが来てしまう……。そこで私は、出産後から、自分の働き方についてずっと考えてきて、現在は**「40歳定年説」「サバティカルタイム」**をかけ合わせて、生き方として**「マルチポテンシャライト」**を考えています。

40歳定年説は、もともとは東京大学大学院の柳川範之教授が、組織論的に唱えられていました。社会派ブロガーのちきりんさんが著書『未来の働き方を考えよう』で、個人のこれからの働き方として紹介しています。

40歳で自ら定年を設定してみる

40歳定年説とは、実際どんなことをするのか？

概念としてはシンプルです。

大卒後二十数年務める職業人生と、後半の職業人生は全く別の職種を選べば、人は2回職業人生を生きる可能性があるという考えです。

ちなみに、60歳で定年しても、その後長く人生が続くような人、つまり、この本を読まれているような方の多くが**「複数の職業人生」**を選択できる人に当てはまります。

大学卒業後、会社員として働き（社会人学校）、1つ目の職業人生を20年ほど過ごしたら、その後はその経験やスキルをベースに持った上で、個人でやりたいことや楽しいこと、興味関心を含む定年を迎えないような第二の職業人生をスタートさせます。

大学卒業後20年近く働くとすると、だいたい40歳を過ぎます。そこから定年を迎えない職業人生をスタートしても、30年近くは働けるでしょう。

そうすると、金銭的な心配や健康的な心配、精神的な心配からも解放されます。定年を迎えない仕事を継続すれば、どうしたって社会の人たちとかかわり続けますし、思考力は維持されます。出歩く機会も増えるので健康維持にも、さらに金銭的な不安からも解放されて、メリットは大きいものになります。

まさに、複数の職業人生を生きるのです。

「サバティカルタイム」が取れる人生設計

ただ何でもすぐにうまくいくわけではありません。

二十数年の第一段階の職業人生を終えた後の、第二の職業人生がうまくいくかどうかを試す期間が必要になります。新入社員は試用期間がありますが、第二の職業人生は、自らが試用期間を設ける必要があります。

私は、これを**「サバティカルタイム」**として過ごせばいいと考えています。サバティカルタイムとは、使途用途を決めない休暇を意味します。2020年4月より、私は会社を退職して自主的に取得しています。

サバティカルタイムを設けるには、自分が生きているだけで毎月かかるコスト（最低生存月額）の確保と、やりたいことの種を掴んでいるかがポイントになります。

最低生存月額が12カ月分用意できるのなら1年取れます。やりたいことの種（私の場合は、執筆や音声配信、ヨガでした）があれば、市場に受け入れてもらえるのか試してみたらいいのです。やってみて、合わないと思ったら、また会社員に戻ればいいのです。

ちなみに、「元の待遇では戻れないから、今の会社を辞められない」と話す方がいます。そういう方は、元の待遇で戻れないのは、「今の収入は現状の能力よりも高めにもらっている」ため、いきなりリストラされる可能性があります。

時代背景的にも能力以上の仕事をしていかないと、会社に残れなくなっていくスピードは年々加速しています。こういった方こそ、いつ放り出されてもいいように、積極的に第二の職業人生の準備をしておくことをおすすめします。

人生100年時代だからこそ、幸せな人生を模索して生きる

私のようにさまざまな働き方や、自分の興味関心を模索する人を**「マルチポテンシャライト」**と言います。

「いろいろな物事に興味を持って、多くのことをクリエイティブに探求していく人」と定義づけられています。

別に「クリエイティブ」でなくてもいい。人生100年時代ともなれば、**「自分の興味関心に敏感になっている」かどうかが「幸せ」のターニング・ポイント**になります。ここでの幸せとは、「人のつながり、収入、健康」を意味します。自分の興味関心に敏感にならないと、人生はただ流れていくように過ぎていきます。別に難しいものをやれということではなく、「自分が何に興味があるのか」「何をするのが楽しいか」を知るだけでも人生の彩りは増えます。

私は**やりたいことを「一つに絞る」「一貫性を持つ」必要はない**と思っています。

そのほうが、複数の職業人生を生きる「種」をたくさん持つことができるからです。

過去の経験が将来の種になる

なぜ「種」を蒔くような行動をしていくほうがいいのか？

人間は、行動から多くを学ぶようにできているからです。

「経験学習モデル」と言われますが、**「経験→省察→概念化→実践」**の4段階によりこのサイクルで人は学びながら成長していくとされています。

私の一例になりますが、私は10年以上ヨガをしていて、インストラクター資格もいくつか持っています。最初は、別にヨガインストラクターになろうと思ってヨガを始めたわけではありません。学ぶのがおもしろいから、ヨガを継続していました。

ところが、ヨガを始めた「経験」がきっかけで、実践だけでなく、「人に教える」行為そのものが自分の学びになると気づき、ヨガインストラクター資格を取得していきます。そこから「人に教えて、お金をいただく」ようになり、今ではオンラインとスタジオヨガの経営までしています。結果的にこれが、第二の職業人生の種の1つになっています。

私は会社員を16年していたので、スクール運営や、オンラインでヨガを教える経験なんてありませんでした。しかし、会社員時代の「交渉力」「プレゼンスキル」「論理思考」などが、ヨガスタジオ運営やレッスン提供に結びついています。第二の職業人生を選びたいと思ったときに、ヨガはその1つになっているのです。会社員経験があり、年齢を重ねている分、ヨガ1本でやってきた人とは違った「あの人から習いたい」と思わせるヨガの提供を行なえています。

このように「経験」からすべては始まると考えています。

目の前の興味関心に耳を傾けて、経験を積んでいくと、そこから考察やさらなる行動がつながっていきます。「やりたいことがない」と思って「やりたいこと探し」をするよりも、まずは経験をしていくほうが、スタートとしては大事です。

「職業人生は、人生に二度やって来る可能性がある」と意識しながら、現在の生活を送るのと、何も考えず定年までを過ごすのとでは、その後の人生は大きく変わります。

複数の職業人生を生きる可能性を考えてみると、あなたの「種」も見えてくるはずです。

インプットとアウトプットのセットで、無形資産をつくる

「ジャングルジム型」のキャリア形成に必須の資産

バリキャリでもなく、ゆるキャリでもない「しなやかなキャリア」を築いていきたいと思えば、**ジャングルジム型のキャリア形成**（Facebook のCOOシェリル・サンドバーグの表現）を目指していく必要があります。

これまでのキャリアの形成は、いわゆる「はしご型」です。登るか、降りるかの選択しかありませんでした。結婚や育児などのライフスタイルの変化とキャリアを重ね

合わせられなかった多くのワーキングマザーたちは、このはしごからそっと離脱して行きました。

しかし、時代の変化によって、「自分らしく人生を主体的に生きていきたい」女性たちは増えていき、現在の社会背景上、その願いも叶いやすくなりつつあります。その場合のキャリア形成の仕方は、前述したように、ジャングルジム型になると想定されます。上り調子でなく、横に行くときもある。しかし、過去から見れば必ず少しずつ上に登っていっている（はしご的の意味合いではなく、自分の枠を広げる意味合いです）。

この**ジャングルジムを縦に登らない期間にこそ築いていきたいのが、「無形資産」**です。無形資産とは、知識、スキル、信頼、経験、人脈、健康など、物的ではない資産です。かたや、有形資産とは、お金、土地、建物、車など、物的に目で見て触れられるような資産です。

無形資産は、「これをやったら形成できる」ものではなく、何かを学んだり、経験したり、人とのかかわりの中で、だんだんと積み上がっていくものになります。最近は**「信頼残高」**として、その無形資産から貯まっているモノを表現されたりします。

無形資産のつくり方

では、無形資産をどうやってつくっていけばいいのでしょうか？

これは、インプット・アウトプットする習慣で身につけていくことができます。

「知識、スキル、信頼、経験、人脈、健康」

これらはいずれも、お金を出したからといって手に入るわけではありません。無形資産の特徴としては、組み合わせで拡張しやすいが、習得しにくく人に譲渡しにくい。インプットした情報をアウトプットしたり、自分の中にいい情報のストックや経験値の積み重ねで手に入れることができます。

ワーキングマザー的無形資産

◉**知識**……日々の仕事で貯まっていく職業知識（専門知識や語学、法律など）、読書やセミナー受講など自主的な学び。社会の仕組み理解（保育園などの行政手続きを含む）のためのノウハウ。

●**スキル**……職業技術（プログラミングやIT知識など）、マネジメント力、リーダーシップなど。時間管理能力、仕事以外でも家事育児遂行スキルや、ご近所付き合いなどから生まれる人間関係構築力なども含む。

●**信頼**……生活内で積み上げて嘘をつかない、約束を守るなど人間関係の中で積み上がる。子どもに対しても同じ（気分で怒らない、間違えたら親でも謝るなど）。

●**経験**……自らの経験値からの選別した情報、体験。それを活かしたライフハック（生活を効率的にする便利な術）。その後の人生の選択に関わる指針を生み出すもの。何かをやるときのルートや必要な情報を調べる方法。

●**人脈**……友人や家族との良好な関係。職場や職場以外も含む快適な人間関係。

●**健康**……運動習慣、栄養知識、適切な睡眠時間取得などの肉体的、精神的健康。

インプット・アウトプット情報を好循環に回していく仕組みについて考えてみます。

これは、何の情報を取得したらいいかよりも、どういう情報を選び入れるのか（インプット）、どういう形で出すのか（アウトプット）のコツになります。

インプットのコツ

セミナーなどでたまに見かけるメモ魔さんもいますが、学生ではないので、大人のインプットでは全部を覚える必要はありません（資格取得の勉強などは除く）。

どういう手順で学んでいくかですが、まずは集めたい情報を選んでみます。情報が、自分の中に入ってくる＝インプット、この場合は「自分」というフィルターを通して今の自分が適した情報や経験を積んでいく必要があります。

では、どのようにフィルターを考えればいいのでしょうか？

ポイントは、大きく次の3つです。

- **質問をする**……「何が知りたいのか、なぜ知りたいのか」
- **第三者の目線を入れる**……「誰にとって役立ちそうな情報や経験か」
- **自分がこの情報から何を知りたいのかを知る**……「これをやって何を得るのか」

このような問いを立ててインプット情報を選んでいくと、問いが立っている時点で記憶に残る情報になります。

ちなみに、私のインプットは読書が多いです。まず本の目次を見て、先に挙げたような問いを立てます。

具体的にやっている方法は、読書は複数同時に読む、行動範囲内に読書ができるモノを複数置く（iPhone、Kindle タブレット、読み上げ、書籍）。

家事中には読み上げ、待ち時間はスマホ Kindle、ソファーの横には紙の本など、使い分けながら行ないます。入れた情報は iPhone のメモ帳にアウトプット先別に入れています（ブログ、ヨガなどのフォルダ有り）。こうすることで、すぐに取り出せる情報の引き出しになるのです。

アウトプットのコツ

アウトプットは、インプット情報をノートを板書するように出すことではありません。あなたのフィルターを通すことが、アウトプットの醍醐味です。そのために、次のような問いを立ててみます。

・インプット情報からどんな気づきを得たのか？
・その気づきからどんな行動を起こすのか？
・その行動をどう実践していくのか？
・そして、自分の問題を解決できるのか？

仕事の場合は、アウトプットする指標が決まっている（得たい結果やパフォーマンスが指標として出ている）ケースがほとんどだと思いますが、個人の場合は、アウトプットのやり方も、出すべきものも自分で決めることができます。

一般的には、**インプットしたらアウトプットしないと、必ず記憶から薄れていくし、効果が半減する**と言われています。

実際、数多くの書籍類や情報を見ても、アウトプットがメインに書かれている場合が多いです。なぜなら、脳科学的に証明されているからです。

記憶の習得は、情報を「獲得」する（インプット）→「想起」する→「固定化」

する。

この段階を繰り返しながら定着していくとされています。この想起し固定化する過程の中でアウトプットをしていくと、定着するのにより効果的なのです。

そのため**インプットがあれば、必ずアウトプット先も合わせてセット**にして考えておきます。

ちなみに、これは記憶の定着化だけではなく、自分のやったことを「見える化」する効果もあるので、自己効力感アップにもつながります。

・アウトプットルールを決める。
・基本的には得た情報を出すのではなく、情報＋自分の体験や思考など具体的に出す。
・場所を決める（声か、写真か、文字か）。
・アウトプットのハードルは低くする。

例えば、わかりやすいアウトプットとして、ブログなどを挙げる方がいます。ブログを書くことは、自分のスキル資産（文章力や表現力）が貯まりますし、読んでくれる方がいたら、信頼や人脈資産も徐々に貯まっていきます。

しかし、現実問題としては、ブログを書くのはなかなか続かないのです。忙しい中で継続して何かをアウトプットするのは想像以上に時間がかかってしまいます。

ワーキングマザーの学びの習慣化や継続方法については、次の項目でご紹介しますが、多くの場合は、アウトプットに対する達成ハードルを高くすると、続きません。

1から何かをつくり上げるというより、「自分」のフィルターを通して出したものに価値があります（今の時代、自分しか知らない情報なんてないからです）。そのため、インプットが貯まるまで待つより**「アウトプット」は、ハードルを下げてでも継続するほうが大事**です。例えば、ブログで「出す」と決めたなら、300字以内の表現で毎回書くなど、ハードルを低めに設定します。300字で100日書いたら、もっと長い文章が書けるようになっています。これは「書く力」（無形資産）の積み重ねです。

他にも健康の無形資産を築きたいなら、健康維持のためにいきなり「走り始める」ではなく、「毎日、通勤時間に1駅歩く」という小さなアウトプットを行なうほうが現実的には長続きします。

さらにアウトプットの回転が回っていくと、過去のアウトプットを改善する（300字ブログを1000字にするなど、1駅ウォーキングから夜の20分散歩にするなど）、フィードバックを受ける（市場に出す）なども行なえるようになります。

インプットとアウトプットが回り始めるポイントを掴めば、この時点で、「インプットとアウトプットをどう使いこなすか」というスキル＝無形資産まで身についているのです。

インプットとアウトプットの繰り返しが、無形資産を積み上げる

キャリアのジャングルジムを横に登る時期こそ、利害関係なく学びを深めたり人間関係を構築できる時期になります。そんなときこそ、枠にとらわれるのではなく、**自分なりの質のいいインプットとアウトプットルールを決めて、自分という名のフィルターを磨きながら出していく**と、自ずとそこに人が集まってきたりしますし、また良

い情報は長い人生において、財産になります。

例えば、この時期に子どもの栄養学について調べていたら、将来、自分がダイエットをしたり、健康に気を遣うときに役に立つ知識となるでしょう。これもある意味、体験に基づいた情報という名の「無形資産」です。

他にも、ワーキングマザーであるこの時期に、同じような悩みを持った仲間たちを見つけたのであれば、それもまた長い人生において「人脈」という資産になります。

これらも、すべてただ日々の情報を見て消化し流すのではなく、得たインプットを出すアウトプットを心掛けていくと、はしご型のキャリアを登っていない時期だからこそ、人生においての無形資産が築ける期間になります。

ワーキングマザーにモチベーションはいらない

――「仕組みのつくり方」を学ぶ

うまくいかないのは「仕組み」ができていないから

どんなことでも「仕組み」がないとうまくいきません。皆さんも過去に、「継続しなかった」「うまくいかなかった」ことが頭に思い浮かびませんか。私も、食後のウォーキングや、学びたいと思って受講した講座、家の片付けやモノの整理など、良かれと思ってやったのに結局うまくいかなくなったり、続かないままで終わってしまったことがいくつも思い出されます。

昔の私は、「それは自分の意志が弱いからだ」とか、「モチベーションが続かないからだ」なんて考えていました。しかし、それは個人のモチベーションや意志の問題ではないと、だんだんとわかってきました。

なぜわかってきたか。それは、子どもが産まれてから、自分でコントロールできないことが多い（子どもの機嫌や突発事項に振り回されることが多いので、意志に頼るとやらなくなることもしばしば）ため、何事も仕組みをつくらないとうまくいかないと実感するようになったからです。

行動心理学などの研究からも、目標が達成できない原因は「能力が足りないからではない」とされています。「モチベーションが続かない」という言葉を耳にしますが、そもそも**モチベーション（動機付け）という見えないモノに頼るから続かない**のです。もっと**具体的な見えるもの（仕組み）を頼りにしたほうが何事もうまくいくし、継続します。**

「仕組み」を辞書で調べると、次のように書かれています。

・物事の組み立て。構造。機構。
・事をうまく運ぶために工夫された計画。

そもそも、個人の能力や意志力、記憶力に頼らないことが前提です。この**「仕組み」づくりのやり方**を習得すると、ワーキングマザーライフでも汎用性が高いスキルの1つを身につけたことになります。

では「仕組み」づくりをどうやって行なうのか？

分解して見ていきましょう。仕組みづくりは、**「やるヒト」「やりたいコト」「ルール」**の3つの要素から成り立っています。

では、この3つの観点から考えてみましょう。

やるヒトになるには「自分のタイプを知る」

社会心理学者のハイディ・グラント・ハルバーソンは、著作の中で、目標達成のタイプには**「獲得型」「防御型」**が存在すると書いています。獲得型は「得るもの」に注目し、防御型は「損をしないこと」を優先します。このタイプ分けは、仕組みづくりにも関係しています。

獲得型さんは、仕組みをつくり、時間が増えたり、褒められたりすると長続きしやすいタイプです。現場からプラスで物を得ることに意欲的なので、まずは取り組んでみますが、うまくいかなくなると、途中であきらめてしまいがちです。

防御型さんは、失敗が嫌なのでPDCAサイクルを回しながら、簡単にはあきらめません。しかし、「うまくいきそうにないな」と思うと、かけたコスト（時間や手間）を失うのは嫌なので、仕組みづくりそのものに手をつけない可能性もあります。

皆さんはどちらのタイプでしょうか？

ちなみに、私は獲得型です。仕組みをつくっても、「褒められたり、いい効果」が出ないと長続きしません。具体的に言えば、社内で書類棚の整理をしたら、同僚たちの「書類が見つけやすくなった」という反応がほしい、時間をつくるために時短家電を導入したなら、具体的に「増えた時間は何分なのか」がはっきりわかったほうがうれしいタイプです。

そのため、子どものおもちゃ収納の仕組みをつくったときは、ブログで公開しました。そこからブログの読者さんから褒めてもらえ、うれしくなります。また、逆に仕組みがうまくいかなくなったときにも、立て直した過程をブログに書けば誰かの役に立つという「獲得」が見えるので、そうしています。逆にうまくいかなかったものは、人から「どうやったのか」と褒められる、途中で挫折しそうになってもその経緯を書いてみて、この世に褒められたり、得るものに、正の報酬（得られるモノ）を置くようにしています。

一方、防御型の人は、「失うモノ」がよく見えているので、「仕組みをつくって失うモノ」より「仕組みをつくれば失わないモノ」に目を向けたほうがいいことになります。

具体的にたとえてみます。

格安ＳＩＭにしたら携帯料金が安くなるとします。しかし、格安ＳＩＭ導入の仕組みをつくろうとして、携帯電話が一時的につながらなくなったりすると、防御型さんは一気にやる気がなくなります。そんな面倒がありそうなら、また今度と、仕組みづくりを先延ばししてしまうのです。

それなら、格安ＳＩＭを取り入れて、「支払いが減る金額」に注目させて、失うものに目を向けた「仕組み」づくりで乗り切るなど、目線を変更して取り組んだほうがいいのです。

仕組みの「目的と目標の焦点」を合わせる

仕組みをつくるときに一番大事なのは、何を目的にするのかです。

目的は**「なんでやるのか？」「何を」「いつ」「どこで」「どのように」実行するか**まで、詳細に決めておくほど、うまくいきます。加えて、行き詰まったときに、そこまで決めておくほうが修正が容易なのです。

では、一例として「毎朝5時に起きて、朝活する仕組みをつくる」を考えてみましょう。毎朝5時に起きて朝活したいのが目的でしょうか？　違いますよね。5時に起きて何をしたいのかが「目的」になります。

では、目的は？

・**「なんでやるのか？」**……誰にも邪魔されない1人時間が少ないので、のんびり気の向くままに時間を使って過ごしたい＝考え事をしたり、思考の整理、勉強をしたい。

・**「何を」**……勉強や本を読みたい。

・**「いつ」**……朝5時から1時間。

・**「どこで」**……リビング。

・**「どのように」**……コーヒーを飲みながら、Kindle本を使ってやる。

分解して書くと、このようになります。主目的は、「1人の時間で考え事をしたり、思考の整理や勉強がしたい」となっています。

この目的を達成するために「目標」があります。

◉目的……「考え事、思考整理、学び」

◉目標……「朝5時に起きる」「読書をする」

目的を見える化しておくと、うまくいかなかったときに修正ができるようになります。

例えば、「毎朝5時に起きる」のは、目的達成のための手段である目標です。目標なので、達成できなくても他の目標に変更できます。5時に起きる「目的」は何か？を、見える化しておかないと、起床できないのを「目的を達せられなかった」と勘違いしてしまいます。「毎朝5時に起きられなかったからダメ」ではないのです。極端な話、夜寝る時間を1時間遅くして、自分の時間を増やしても、「考え事、思考整理、学び」ができるので、目的は達成できます。朝でも夜でも睡眠時間が削られてしまうのであれば、会社のランチ時間1時間でも良しです。

仕組みのルールをつくる

では、仕組みをつくるときに、具体的に何を意識してつくればいいのでしょうか？私がおすすめしているのは**「場所・時間・人」を固定する**ことです。

まず「場所」について考えます。仕組みをつくろうと思ったとき、どこでそれをやるのかを決めます。そこに行ったら、「やる」です。会社でもカフェでもデスクでもよし。

次に「やる時間」を縛ります。手帳術などが続かない人は、手帳に書く時間を予定表の中に確保してないから続かない。スケジュールに入れます。

最後は「人」です。人間は1人でやろうとすると続かないので、できれば、「一緒にやる人を見つける」「誰かに進捗を報告する」「目的を宣言する」。口に出してしまうと、人が自分を縛ってくれるようになります。

例えば、手帳術が続かない人がこの3つの要素を満たすとしたら、毎晩寝る前にキッチンで1日10分、手帳に書く、書いた後に写真を撮って、手帳好きのコミュニティに投稿するなんて仕組みをつくれば必ずうまくいきます。

仕組みづくり力が習慣化を促す

さらに仕組みづくりに長《た》けてきたら、できるだけ**小さな仕組み**にする（ストレッチ目標にしない）、予備日を設ける、仕組みが継続するごとに**自分にご褒美**を渡す、うまくいかないときの**撤退ライン**（始める前にここまでは必ずやるなど）を決めておく、なんて要素も入れていくと、仕組みづくりがどんどんなくなっていきます。

仕組みづくりは、「良い習慣づくり」になります。

この仕組みづくり力を持っておけば、家庭でも仕事でも必ず使えます。**人生において汎用性の高いスキル**です。子どもが巣立ち、ワーキングマザーを卒業しても、自分の人生を生きていくにあたって役に立つ力となるでしょう。

おわりに

皆さん、この本を読んで、「生き方」や「習慣」、何か得られたものはありましたか？

普通の会社員、ワーママである私自身が「人生が変わった」と思う項目を、**「仕事、人間関係、子育て、お金、学び」を切り口**にご紹介しました。自分の考えや価値観に向き合う「ハッ」とする気づきや、「ワクワク」を感じる部分があればうれしい限りです。

私自身は、5年前に『LIFE SHIFT』を読んだとき、平均寿命世界1位の国を数値化すると、50歳未満の日本人は100年以上生きる可能性が高いと知り、愕然としました。

「え！　定年（60歳）以降に、40年も生きるの!?」

当時の私は、ワーキングマザー2年目、毎日の慌ただしい生活に「ヒーヒー」言いながら、子どもの送迎、仕事、家事など日々のタスクをこなしていました。長期目線なんてゼロ。将来への漠然とした「不安感」だけはある。この状態ではまずい。しかし、具体的に何をしたら……と悶々としながら過ごしていました。

そんなとき、身近な先輩の離婚、転職、リストラ、両親世代の死、子どもの不登校などを目の当たりにする機会が増えました。

コントロールできないことが人生には多くある。ただコントロールできないからと嘆き、漠然と過ごしても**「人生を主体的に生きる方法」は誰も教えてくれない**。当時30代半ばの私は、「残り60年のために行動するしかない」と気づきます。

この本は、著名な誰かの本ではありません。普通の会社員が感じていた「このままでいいのか？」から生み出されています。何度も試行錯誤したエッセンスが詰め込まれている。読み終えた方は、「現実感」を持って、この文章を目にしていると思います。

「はじめに」で触れましたが、**ライフシフトとは、人生の向きや位置を変え、人生に変化を起こすこと**です。学生時代は、似たような友人がいても、数十年後に会うと、お互いの人生は大きく変わっています。これは「ライフシフト」人生にどんな変化を起こしてきたかの結果です。

２０２０年4月、私は16年間勤めた会社を辞めました。二度の育休を経てフルタイムで働き、好きだった仕事です。まさか辞めるとは考えていませんでした。しかし、本書で触れた「習慣」の実践から、ライフシフトが起き、会社を辞める決断をしました。

現在はこうやって文章を書いたり、音声配信をしたり、ヨガスタジオを経営したり、新たな「習慣」「ライフシフト」を積み上げています。

この選択は、果たして正解か？

正直、現段階ではわかりません。答えはきっと、60歳、80歳、１００歳になった私が、後から教えてくれるはずです。

ここで1つ質問です。

拙書『やめる時間術』で書きましたが、**人生は「過ごした時間の積み重ね」**です。皆さんは、この本の、どの「習慣」からまずは積み重ねますか？

答えはそっと、自分との約束で、手帳やスマホメモに記してください。書くことから、さあスタートです。


この本を書くにあたって、根気強くご指導いただきましたフォレスト出版の皆さま、行き詰まったときに快く意見をくれるワーママ、ワーパパコミュニティ「はろこみ」の皆さん、感謝しております。

私の愛すべき、4歳と8歳の息子たちへ。きっと君たちの時代には平均寿命は100歳まで到達しているでしょう。加齢に伴い、思考する時間が延びる中、「主体的に生きるとは？」について考える機会も多いでしょう。わが家の本棚に、そっとこの本を置いておきます。

「子育てに奔走していた母が何を考え、行動したか」

いつか君たちの人生の参考になるとうれしいです。

最後に、読者の皆さまへ。

ここまでお読みくださり、ありがとうございました。

数十年後、どこかでお会いしたときに、「あのときに読んだこの本で、仕事、人間関係、子育て、お金、学びが変わって、今に至ります」と話せたら……と、想像しながら筆を擱きます。

きっと100年なんてあっという間です。「あー、おもしろかった」と言って死にたい。それまでお互いがんばりましょうね。応援しています。

2021年4月

「ワーママはる」こと、尾石 晴

【参考文献・URL】

『採用基準』（伊賀泰代著、ダイヤモンド社、2012年）／『誰もが人を動かせる！』（森岡毅著、日経BP社、2020年）／『管理される心』（A・R・ホックシールド著、石川准、室伏亜希訳、世界思想社、2000年）／『未来の働き方を考えよう』（ちきりん著、文藝春秋、2013年）／『日本成長戦略』（柳川範之著、さくら舎、2013年）／『マルチポテンシャライト』エミリー・ワプニック著、長澤あかね訳、PHP研究所、2018年）／「ファミリーキャリアの5つの分類」（アビバ・ウィッテンバーグ＝コックス、https://www.dhbr.net/articles/-/5282?page=3）／『つらいと言えない人がマインドフルネスとスキーマ療法をやってみた。』（伊藤絵美著、医学書院、2017年）／『私とは何か』（平野啓一郎著、講談社現代新書、2012年）／『「好き嫌い」と経営』（楠木建著、東洋経済新報社、2014年）／『セルフケアの道具箱』細川貂々、伊藤絵美著、晶文社、2020年）／『7つの習慣』（スティーブン・R・コヴィー著、ジェームス・スキナー訳、キングベアー出版、1996年）／「子どもの発達段階ごとの特徴と重視すべき課題」（文部科学省、https://www.mext.go.jp/b_menu/shingi/chousa/shotou/053/shiryo/attach/1282789.htm）／『宇宙飛行士の採用基準』（山口孝夫著、角川oneテーマ21新書、2014年）／『日本人が知らない遺伝の真実』（安藤寿康著、SBクリエイティブ、2016年）／『年収が増えれば増えるほど、幸せになれますか？』（前野隆司著、河出書房新社、2020年）／『仮想空間シフト』（尾原和啓、山口周著、MdN新書、2020年）／『「好き嫌い」と才能』（楠木建編著、東洋経済新報社、2016年）／『いつも「時間がない」あなたに』（センディル・ムッライナタン、エルダー・シャフィール著、大田直子訳、早川書房、2017年）／『プレイングマネジャー「残業ゼロ」の仕事術』（小室淑恵著、ダイヤモンド社、2018年）／『やってのける』（ハイディ・グラント・ハルバーソン著、児島修訳、大和書房、2013年）／『無形資産が経済を支配する』（ジョナサン・ハスケル、ジョナサン・ハスケル著、山形浩生訳、東洋経済新報社、2020年）

【著者プロフィール】

尾石　晴（ワーママはる）

外資系メーカーに16年勤務。長時間労働が当たり前の中、子持ち管理職経験から「分解思考」で時間を捻出。ワンオペ育児の合間に、発信業・不動産賃貸業・ヨガインストラクター・ライフオーガナイザーなど、会社員以外での収入経路を複数確保。2020年4月に会社員を卒業し、サバティカルタイム（使途用途を決めない学びの休暇）に突入。音声メディア「Voicy」では1500万回再生超えを記録し、トップパーソナリティとして活躍中。その他、「note」や「Twitter」でも日々発信。SNSの総フォロワー数は7万人を超える。現在は雑誌「レタスクラブ」で連載など文筆活動や、2020年ヨガスタジオ「ポスパム fukuoka スタジオ」を立ち上げ、代表を務める。2児の母。

◆著者 HP　https://haru-oishi.com/

ワーママはるの
ライフシフト習慣術

2021年4月26日　　初版発行
2021年5月13日　　3刷発行

著　者　尾石　晴（ワーママはる）
発行者　太田　宏
発行所　フォレスト出版株式会社
〒162-0824 東京都新宿区揚場町 2-18　白宝ビル 5F
電話　03-5229-5750（営業）
03-5229-5757（編集）
URL　http://www.forestpub.co.jp

印刷・製本　中央精版印刷株式会社

ISBN978-4-86680-125-4　Printed in Japan

ワーママはるの
ライフシフト習慣術

読者の方に無料
特別プレゼント

賢くしたたかに楽しく生きるコツ

（音声ファイル）

著者・ワーママはるさんより

本書の基本テーマ「賢くしたたかに楽しく生きるコツ」について、著者のワーママはるさんが解説した特別音声ファイルを読者の皆さんに無料プレゼントとしてご用意いたしました。はるさんによる録り下ろし未公開音声です。ぜひダウンロードして、本書と併せてご活用ください。

特別プレゼントはこちらから無料ダウンロードできます↓

http://frstp.jp/haru

※特別プレゼントはWeb上で公開するものであり、小冊子・DVDなどをお送りするものではありません。

※上記無料プレゼントのご提供は予告なく終了となる場合がございます。あらかじめご了承ください。